MUSIQUE A REGARDER

CHOPIN

ET LA MUSIQUE ROMANTIQUE

Texte
Carlo Cavalletti

Visualisation
Sergio

Illustrations
Studio Inklink, Matteo Chesi,
Cesare D'Antonio, Giacomo Soriani

DoGi

une production
DoGi spa, Firenze
titre original
Chopin e la musica romantica
texte
Carlo Cavalletti
éditeur
Francesco Milo
visualisation
Romano Rizzato
illustrations
Studio InkLink, Matteo Chesi, Giacomo Soriani, Cesare D'Antonio,
direction artistique et mise en page
Sebastiano Ranchetti
recherche iconographique
Katherine Carson Forden
traduction
Agnès Roche-Palazzolo

ISBN 2-7072-0378-5

Exclusivité langue française
Massin, Paris

Imprimé
au mois de mars 1999
à l'établissement
Grafedit, Bergamo
photolithographie
Venanzoni DTP, Florence

COMMENT LIRE CE LIVRE

Chaque page double est un chapitre relatif à la vie et à l'art musical de Chopin et des grands musiciens romantiques, aux grands événements de la culture musicale de son époque. Le texte en haut à gauche (1) et la grande illustration centrale abordent le sujet principal. Le texte en italique (2) relate par contre la vie de Chopin par ordre chronologique. Les autres éléments de la page - photographies, reproductions de gravures d'époque, portraits - complètent le développement du sujet.

CREDIT

Abreviations :
h, haut; **b**, bas; **c**, centre; **d**, droite; **g**, gauche.

Illustrations:
Les illustrations contenues dans ce volume, inedites et originales, ont été ràalisées d'après un projet de DoGi spa, qui en détient le copyright.
Realisations: Studio Inklink (Simone Boni, Alessandro Rabatti, Lorenzo Pieri, Luigi Critone, Francesco Petracchi, Lucia Mattioli, Theo Caneschi, Federico Ferniani): 4-5, 6-7, 10-11, 12-13, 16-17, 18-19, 22-23, 30-31, 34-35, 40-41, 42-43, 47hg, 48-49, 50-51, 52-53, 53hd, 56-57, 58-59, 60-61; Cesare D'Antonio: 8-9, 32-33, 44-45, 54-55; Matteo Chesi: 14-15, 20-21, 24-25, 28-29, 36-37; Giacomo Soriani: 26-27, 46-47; Walter Angelici 38-39; Alessandro Menchi, 12hg.

Couverture: Sudio Inklink
Frontispice: Studio Inklink

Liste des reproductions:
DoGi spa a fait tout son possible pour retrouver les éventuels droits de tiers. En cas d'omissions ou d'erreurs, elle s'excuse dès maintenant et est prête à apporter les corrections opportunes dans les prochaines éditions de cette œuvre.
(Les œuvres reproduites intégralement sont suivies de la lettre t; par contre celles qui ont été reproduites partiellement sont suivies de la lettre p).
6h *G.W.F. Hegel*, gravure (Archives DoGi) p; **6b** Image d'un tableau de Joseph Carl Stieler, *Friedrich Schelling*, lithographie (Historisches Museum der Stadt, Vienne) t; **7** Joseph Carl Stieler, *J.L. Tieck* (Archives DoGi) p; **8h** Wilhelm Hensel, *Jacob Felix Mendelssohn Bartholdy*, acquarello (Lebrecht Collection) p; **8b** Joseph Carl Stieler, *Johann Wolfgang Goethe*, huile (Neue Pinakothek, Munich) t; **10** M. Fajans, *Jozef Elsner*, gravure (Société historique et littéraire polonaise, Paris) p; **11** J. Lewicki, *La fête de la moisson en Pologne*, huile (Société historique et littéraire polonaise, Paris) p; **14h** Caroline Bardua, *Carl Maria von Weber*, huile sur toile (AKG, Berlin) p; **14b** *E.T.A. Hoffmann*, dessin (Archivio Igda, Milan) t; **15** *Richard Wagner*, 1868 (Hulton Deutsch Collection) t; **16** *Bedrich Smetana*, (Musee Smetana, Prague) p; **17g** Anonyme, *Symboles massoniques sur un tablier de maître*, XVIII siècle, soie (Akg/Berlin); **17d** *Karl Marx* (Archivio DoGi) p; **19g** *Soirée musicale* (Archivio DoGi) p; **19d** *Charles Gounod* (Archivio DoGi) t; **20** Anonyme, *Robert Schumann et Clara Wieck*, gravure à partir d'un daghérotype, 1847 (Hulton Deutsch/Beltmann) t; **21** Gabor Melegh, *Franz Schubert*, huile sur toile (Archivio DoGi) t; **22** Anonyme, *William Shakespeare*, huile sur toile (Archivio DoGi) p; **23** A.L. Girodet-Trioson, *Chateaubriand*, huile sur toile (Musee de Versailles) t; **24** Mantour, *Caricature de Paganini* (Collection privee) t; **25** Pierre de Pommayrac, *Paganini*, miniature (Palazzo Doria-Tursi, Gênes) p; **26** *Gioachino Rossini* (Archivio Dogi) t; **27g** C. Moyaux, *Audition dans la salle de l'Ancien Conservatoire de Paris*, aquarelle (Collection André Meyer, Paris) p; **27d** *Vincenzo Bellini* (Bibliothèque Nationale, Paris) t; **28** Marie-Alexandre Alophe, *Marie Moke*, lithographie (Archivio Igda, Milan) t; **29** Anonyme, *Hector Berlioz d'après une caricature du Journal du Théâtre de Vienne*, (Osterreichischen National Bibliothek, Wien) t; **30** Anonyme, *Giacomo Meyerbeer*, lithographie (Archivio Igda, Milan) t; **31** Anonyme, *Eugène Scribe*, lithographie (Bibliothèque Nationale, Paris) t; **32** Eugène Delacroix, *Faust dans la prison de Margherita*, lithographie (Bibliothèque Nationale, Paris) t; **33** Gabor Melegh, *Franz Schubert*, huile sur toile (Gallerie Nationale des Beaux-Arts de Hongrie) p; **34** Anonyme, *Clara Wieck Schumann*, huile sur toile (Archivio Igda, Milan) p; **36** Anonyme, *Robert Schumann*, miniature (Robert Schumann Haus, Zwickau) t; **37** *Johannes Brahms*, daghérotype (Deutsche Staatsbibliothek, Berlin) p; **39** *Clavecin de J.A. Stein* (Academie Bartolomeo Cristofori, Florence) t; **40g** Carl Hatmann, *Franz Liszt*, aquarelle (Maison de Liszt, Weimar) p; **40d** Anonyme, *Caricature de Liszt* (Stadtarchiv, Weimar) t; **41** Anonyme, *Liszt* (Collection Ernst Burger, Munich) p; **42** *Robert Koch* (Archivio DoGi) t; **43** Eugène Delacroix, *Frédéric Chopin*, huile sur toile (Louvre, Paris) t; **44** Mayer, *John Field*, gravure (Hulton Deutsch Collection) t; **45** L. Eisherzy, *Novalis*, gravure (Archivio Igda, Milan) p; **46** Anonyme, *Weber dirige le Franc-chasseur*, gravure (Dagli Orti, Milan) p; **47d** *Hans von Bülow* (Archivio Igda, Milan) p; **48h** *Page de la partition des Sonates de Liszt* (Archivio DoGi) t; **48b** Kazimierz Zaleski, *La place de la vieille ville de Varsovie le jour du marché* (Musee historique, Varsovie) p; **49** T. Kwiatkowski, *Chopin en peignoir au piano*, aquarelle (Bibliotheque nationale de Varsovie) p; **50** Anonyme, *Vue de Leipzig*, gravure aquarellée (Bach-Archiv, Leipzig) p; **51** Anonyme, *Edvard Grieg*, huile sur toile (AKG, Berlin) p; **53** Anonyme, *Carl Czerny*, gravure (Archivio Igda, Milan) t; **54** Ludwig Spohr, *Autoportrait au pastel* (Landesmuseum, Braunschweig) p; **55g** W.J. Mahler, *Ludwig von Beethoven*, peinture à l'huile (Historisches Museum der Stadt, Vienne) p; **55d** Anonyme, *Johannes Brahms*, peinture à l'huile (AKG, Berlin) p; **57** *Frontispice de la Polonaise-Fantaisie, op. 61*, (British Library, Londres) t; **58h** *Page de la partition de la quatrième symphonie en ré mineur op. 120, de Schumann* (Bildarchiv Preussischer Kulturbesitz, Berlin) t; **58b** Robert Burns, *Lord George Byron*, peinture à l'huile (Mary Evans Picture Library, Londres) p; **59** Ferdinand Schmutzer, *Richard Strauss*, incisione (Prof. Rudolf Hartmann, Munich) t; **60** *Frédéric Chopin*, daghérotype (Bibliothèque Polonaise, Paris) p; **61** Leonid Pasternak, *Sergej Rachmaninov*, dessin (Galerie Tretjakov, Moscou) p.

Couverture (De gauche à droite):
1. Anonyme, *Clara Wieck Schumann*, huile sur toile (Archivio Igda, Milan) p; **2.** Anonyme, *Hector Berlioz d'après une caricature du Journal du Théâtre de Vienne*, 1846 (Osterreichischen National Bibliothek, Wien) t; **3.** J. Lewicki, *La fête de la moisson en Pologne*, peinture à l'huile (Société historique et littéraire polonaise, Paris) p; **4.** Anonyme, *Clara Wieck Schumann*, huile sur toile (Archivio Igda, Milan) p.
Quatrieme de couverture:
Eugène Delacroix, *Frédéric Chopin*, 1838, huile sur toile (Louvre, Paris) t.

SOMMAIRE

Les protagonistes

Le Romantisme musical s'affirme en Allemagne à la fin des années vingt du XIXe siècle, légèrement plus tard que dans le domaine littéraire. Il se répand rapidement en Europe, en contribuant à fomenter ces ferments nationalistes qui traversent tout le siècle. Même durant l'époque romantique les pays de langue allemande continuent à jouer leur rôle de berceau de la musique instrumentale, tandis que la vie musicale française et italienne sont surtout axées sur l'opéra. Mais l'individualisme romantique trouve son moyen d'expression idéal avec le piano, que ce soit pour les virtuoses qui émerveillent le public de par leur habileté technique, ou pour les poètes qui lui confient même les plus petits élans du cœur. Paris accueille les constructeurs d'avant-garde et les plus grands virtuoses de l'époque, parmi lesquels se distingue Chopin, s'imposant ainsi comme la capitale du piano.

♦ **Hector Berlioz** (1803-1869) Seul français parmi les grands romantiques, il contribue de façon extraordinaire à l'évolution de l'écriture orchestrale.

♦ **Niccolò Paganini** (1782-1840) **et Franz Liszt** (1811-1886) Leur virtuosité conquiert les foules européennes et crée le mythe de l'interprète.

♦ **Carl Maria von Weber** (1786-1826) **et Giacomo Meyerbeer** (1791-1864) Le premier crée l'opéra romantique allemand, l'autre le *grand-opéra* français.

♦ **Felix Mendelssohn** (1809-1847) Musicien complet, raffiné et élégant, il représente la tendance la plus équilibrée du mouvement romantique.

♦ **Robert Schumann** (1810-1856) Génie multiforme et tourmenté, miné par la folie, il a l'air de sortir tout droit des pages d'un roman romantique.

♦ **George Sand** (1804-1876) **et Clara Wieck** (1819-1896) Une romancière de succès et une excellente pianiste, aimées par Chopin et par Schumann.

♦ **Les pères du romantisme allemand**
La nouvelle idée de poète et d'artiste, la primauté de la musique prennent forme dans les écrits de poètes, philosophes et lettrés tels que Hegel (1770-1831), Novalis (1772-1801), Tieck (1773-1853), Hoffmann (1776-1822) et les frères Schlegel : August-Wilhelm (1767-1845) et Friedrich (1772-1829).

♦ **Frédéric Chopin**
Né en Pologne en 1810, il vit à Paris dès 1831 et y meurt de phtisie en 1849. Il ne compose que pour le piano.

♦ **Eugène Delacroix** (1798-1863) **et Victor Hugo** (1802-1885)
De quelques années plus âgés que Chopin, ils sont considérés les chefs de file du Romantisme français dans le domaine de la peinture et de la littérature. Delacroix est le seul véritable ami que Chopin aura à Paris.

♦ **Sébastien Erard** (1752-1831) **et Ignaz Pleyel** (1757-1831)
Fondateurs des deux principales maisons de piano à Paris. Ils offrent de nouvelles possibilités grâce aux innovations techniques introduites dans leurs instruments, contribuant ainsi à l'évolution du langage pianistique.

Les idées du Romantisme allemand

C'est Friedrich Schlegel, poète et essayiste qui introduisit vers 1800 le nouveau sens du terme romantique, auparavant appliqué aux paysages ou aux états d'âme pour indiquer une nouvelle poésie opposée à la poésie antique ou classique. Sont communs aux divers courants romantiques qui s'affirment en Allemagne : une conception de l'art en tant qu'expression des sentiments, un idéal de la liberté créative opposé à la rationalité des Lumières et au goût classique du beau, un attrait pour les symboles, les mythes et l'histoire. Le malaise spirituel mène les romantiques au refus des formes codifiées, ou à la recherche d'une communion avec la nature vue comme organisme palpitant opposé au néant d'une société fatigant à reconnaître ses nouvelles valeurs. La musique instrumentale - pure, absolue - est élevée au rang d'art suprême car elle est considérée la vraie langue de la nature, l'expression des sentiments humains et elle arrive là où la langue ne va pas.

♦ **La pensée romantique**
La raison, au sens donné par les Lumières, comme force accomplie capable de transformer petit-à-petit le monde, est substituée à l'époque romantique par un principe spirituel créatif et infini. Les philosophes Hegel et Fichte ramènent ce principe à une raison supérieure et absolue, dont les manifestations sont l'objet de la philosophie. Des lettrés tels que Tieck et Novalis parlent, eux, d'un sentiment infini qui se révèle au mieux dans l'art et dans la religion. Dans tous les cas l'Histoire est reconnue comme le lieu du devenir et, en opposition au cosmopolitisme du XVIIIe siècle, le XIXe redécouvre les traditions, les mythes et le patrimoine spirituel de chaque peuple. Au niveau politique cela engendre les définitions des identités nationales, phénomène préliminaire à la formation des États contemporains.

♦ **Caspar David Friedrich**
(1774-1840)
Le plus grand représentant du Romantisme pictural allemand. Le moi spirituel lui semble être la seule ressource de l'homme et de l'artiste.

♦ **Athenäum**
Revue publiée de 1798 à 1800 par les frères Schlegel en collaboration avec Schelling - ci-contre - et Novalis. Porte-voix du premier Romantisme, celui du "Groupe de Jena" qui pense que la poésie est le reflet de l'époque et de ses évolutions.

♦ **Le voyageur sur une mer de brume et le moine au bord de la mer**
Le sublime se cache dans la solitude de l'homme face à l'immensité d'une nature sauvage et primordiale.

Dans l'atelier du peintre
Dresde 1818 : en visite chez le peintre Friedrich, réservé et solitaire comme en témoignent son atelier et ses tableaux, le poète et musicien Hoffmann admire ces paysages désolés.

♦ **La littérature romantique**
Son origine remonte au mouvement littéraire du *Sturm und Drang* (Tempête et Élan) du nom du drame de Klinger (1776), dont les jeunes Goethe et Schiller sont eux aussi proches. Divers éléments sont déjà présents la réévaluation de la passion, plus de liberté pour la poésie et le retour aux sources de la culture allemande contre la domination de la culture française, néo-classique et des Lumières. Parmi les plus grands représentants du Romantisme littéraire, Novalis (1772-1801) auteur des *Hymnes à la nuit,* où il unit les thèmes de la mort, de l'amour et du mysticisme ; J. L. Tieck (1773-1853) - ci-dessus, d'après un portrait - s'affirme surtout avec des nouvelles d'inspiration médiévale ou fantastique. Madame de Staël, parisienne, (1766-1817) avec *De l'Allemagne* (1810) introduit ces idées en France et en Italie.

♦ **Fables pour enfants et familles**
Publiées en 1812 et en partie recueillies par les frères Grimm, Jacob (1785-1863) et Wilhelm (1786-1859), animateurs d'un groupe romantique de Heidelberg, ouvert à la recherche des origines et des première formes de culture allemande.

♦ **E. T. A. Hoffmann**
(1776-1822)
Poète, écrivain, compositeur et chef d'orchestre. Auteur des *Récits fantastiques.* Il perçoit déjà en Mozart et en Beethoven les caractères typiques d'une expressivité propre au Romantisme musical.

La vie de Chopin

1. ♦ *Frédéric François Chopin naît à Zelazowah-Wola, à une cinquantaine de kilomètres de Varsovie, le 22 février 1810. Il fait ses débuts au piano avec sa mère et avec sa sœur Ludwika, son aînée de quatre ans, et en 1816 il est confié à Wojciech Zywny. En 1817 il écrit la première composition qui nous soit parvenue, la* Polonaise en Sol mineur. *Le 24 février 1818 il se produit pour la première fois en public dans une soirée de bienfaisance au Palais Radziwill en jouant le* Concerto en Mi mineur *deWojciech Girowetz.* ➳

Chez Mendelssohn

Famille de banquiers d'origine juive. La conquête des droits civils en Allemagne après la révolution française fut la prémisse de leur fortune.
Leur conversion successive à la foi protestante est due à leur volonté de concilier la morale chrétienne et les concessions des Lumières. La vie de Felix et le milieu dans lequel il se forme sont représentatifs de ce monde et de ses aspirations cultivées et bourgeoises. Initié avec ses frères à l'étude de la peinture et de la littérature ainsi que de la musique, dès son enfance il voit se succéder dans le salon de leur maison de Berlin les plus grands intellectuels de l'époque. Parmi ceux-ci le poète Heinrich Heine, l'écrivain et philosophe Jakob Grimm, l'historien Gustav Droysen et les frères Schlegel : August, critique et historien de la littérature, et Friedrich qui avait épousé la tante de Felix, Dorothea Mendelssohn.
Son maître de composition est Karl Friedrich Zelter, ami et conseiller musical de Goethe.

♦ **Mendelssohn**
Né à Hambourg en 1809, Felix Mendelssohn Bartholdy (son deuxième nom est dû à sa conversion au christianisme) a déjà à son actif, à quinze ans, des symphonies, des concertos, deux opéras, de la musique de chambre et pour piano. A dix-sept ans il signe un chef-d'œuvre, l'ouverture du *Songe d'une nuit d'été* de Shakespeare. Excellent pianiste et chef d'orchestre, Zelter lui confie, à vingt ans, l'exécution de *La Passion selon Saint Mathieu*, qui entraînera la redécouverte de la musique de Bach. Tout de suite après il fait deux voyages d'étude en Angleterre (où il ira souvent et sera très aimé par le public) et, suivant un conseil de Goethe, en Italie. A partir de 1835, après deux ans à Düsseldorf en tant que chef d'orchestre, il dirige l'orchestre du Gewandhaus à Leipzig, fonde le Conservatoire et meurt à à peine trente-huit ans en 1847. Ci-dessus, son portrait.

Le Journal du thé et de la neige
Berlin, hiver 1825 : dans le salon des Mendelssohn, Hegel, Humboldt et Tieck écrivent des aphorismes et de brèves poésies sur le journal artisanal fondé par le jeune Felix et ses amis. Durant l'été ce journal change de nom et s'appelle "Le Journal du jardin".

♦ **Karl Friedrich Zelter** (1758-1832) Il transmet à Mendelssohn son amour pour la musique de Johann Sebastian Bach.

♦ **Johann Wolfgang Von Goethe** (1749-1832). Il définit ce qui est romantique comme étant "malade", mais les romantiques le vénèrent, surtout pour son roman *Les douleurs du jeune Werther* (1774) et pour son drame *Faust* (1808-1832). A douze ans Mendelssohn joua pour lui et devint son ami.

♦ **Fanny, sa bien-aimée**
Sa sœur est une très bonne pianiste et elle compose de la musique de chambre et des *Lieder* raffinés.

♦ **Moses Mendelssohn** (1729-1786)
Grand-père de Felix, admirateur des Lumières, dit “le Socrate hébraïque”. Il lutta pour la liberté de religion en Prusse au XVIIIe siècle .

♦ **Wilhelm von Humboldt** (1767-1835)
Homme de lettres et ancien ministre libéral du culte et de l’instruction, c’est lui qui fonda l’Université de Berlin en 1810.

♦ **Georg Wilhelm Friedrich Hegel** (1770-1831)
Plus grand penseur de l’idéalisme allemand. Dans sa philosophie, la musique est un art romantique et intime. Felix suit son cours d’esthétique.

♦ **Johann Ludwig Tieck** (1773-1853)
Ami des écrivains Wackenroder et Novalis ainsi que des Schlegel. Il a réalisé l’édition allemande des œuvres de Shakespeare.

La Pologne

♦ **Musiciens polonais**
Les personnages importants de la musique polonaise aux temps de Chopin sont, outre son maître Elsner, Karol Kurpinski (1785-1857), directeur de l'orchestre de l'Opéra de Varsovie qui, avec ses opéras *Jadwiga, Cracoviens et Montagnards,* est considéré comme le père de l'opéra national polonais ; Michael Kleofas Oginski (1765-1883), prince aux idées démocratiques qui, sans avoir de grands talents artistiques, crée le genre triste et mélancolique pour piano de la *Polonaise* ; Maria Szymanowska (1789-1831), excellente pianiste, élève de John Field, amie de poètes tels que Mickiewicz, Puskin et Goethe (qui lui dédie une de ses poésies), compose des nocturnes et d'autres pages pour piano de style romantique qui influenceront sans doute Chopin ; enfin, Karol Lipinski, définit par Paganini "le second violon du monde".

Au début du XIXe siècle il ne reste plus, de l'ancien règne polonais, qui avait atteint son apogée au XVIe siècle, que le Grand duché de Varsovie sous contrôle direct de la France et qui, en 1815, au Congrès de Vienne, est assigné à la Russie, la plus arriérée des grandes puissances. En novembre 1815 le tsar Alexandre I concède aux polonais une constitution et la pratique de leur langue, mais ce ne sont que des actes formels : il nomme en effet un vice-roi et un ministre plénipotentiaire russes, puis il supprime la liberté de presse, institue des tribunaux exceptionnels et suspend pendant quatre ans le parlement qui a protesté contre ces mesures. Dans ce climat se déssine, avec les romantiques Adam Mickievicz, Juliusz Slowacki et Zygmunt Krasinski, les contours d'une production littéraire de langue polonaise dont les thèmes historico-mystiques constituent la base de l'identité nationale.

Un concert pour le tsar
Mai 1825 : Chopin, âgé de quinze ans, joue dans le temple évangéliste de Varsovie en présence du tsar Alexandre I, lequel lui offre un anneau orné d'un diamant qu'il porte au doigt.

♦ **Józef Elsner**
(1769-1854) Silésien de naissance mais naturalisé polonais, le maître de Chopin est directeur du Conservatoire, le fondateur et le recteur de l'École Supérieure de Musique de Varsovie.

♦ **Nicolas Chopin**
Né près de Nancy en 1771, le père de Chopin va vivre en Pologne en 1787. Il enseigne le français au lycée à Varsovie et ouvre un pensionnat pour les étudiants dans sa propre maison.

♦ **Feliks Jarocki**
Ami de famille des Chopin, il enseigne la zoologie à l'Université de Varsovie, fondée en 1816. Elle est un centre de diffusion des idées libérales, comme c'était déjà le cas dans les Universités de Cracovie et de Vilna.

2. La vie de Chopin ♦ *En 1821 il compose la* Polonaise en La bémol majeur, *la première composition écrite de sa main parvenue jusqu'à nous. En 1822 il commence à étudier composition avec Józef Elsner et l'année suivante il est inscrit au lycée. Il joue souvent dans les salons des nobles. Il passe ses vacances en Kujawia, où il apprend à connaître la musique paysanne de son pays. Il publie pour la première fois en 1825 une de ses compositions, le* Rondò en Do mineur *op. 1. En 1826 il termine le lycée et devient élève à l'École Supérieure de Musique et compose la* Polonaise en Si bémol mineur. ➳

♦ Emilia et ses autres sœurs
L'aînée est Ludwika, née en 1807, Izabela est de 1811 et Emilia, née en 1812 et ayant un grand talent littéraire, meurt de phtisie à un peu plus de quatorze ans.

♦ Ses grands amis
Tytus Woyciechowski, Jan Matuszynski, Julian Fontana, membres du pensionnat des Chopin et compagnons d'étude de Frédéric, resteront ses amis tout au long de sa vie.

♦ La musique populaire
Dès le XVIIIe siècle la musique cultivée polonaise a subi l'influence de la tradition folklorique. Un des traits caractéristiques de ce folklore est la grande irrégularité des modules rythmiques, c'est-à-dire le *rubato* qui caractérisait aussi la façon de jouer de Chopin et qui est très important dans l'exécution de sa musique. Les principaux rythmes de danse de la musique polonaise sont : la *krakowiac* sur un temps binaire, caractérisée par un rythme syncopé, où s'alternent des mouvements de groupes et de solos ; la *mazurek*, au mouvement modéré sur un temps ternaire dont le nom dérive de la Mazovie, la région de Varsovie : le terme plus fréquent de *mazurka* est d'origine russe ; toujours en temps ternaire la plus convenable *polonaise*, l'*obereck*, une danse en rond entraînante, et le *kujiavak*, une *mazurka* mélancolique.

L'ÉVOLUTION DU PIANO

Durant la période 1820-1850 on assiste à une importante évolution du piano : les mécaniques deviennent plus raffinés, les matériaux du châssis et des marteaux , le nombre et les caractéristiques des pédales, les dimensions changent, l'emplacement et la tension des cordes augmentent l'extension du clavier. Ce ferment est lié à l'évolution de la technique et de la littérature pianistique, ainsi qu'aux nouveaux contextes dans lesquels s'effectuent les concerts : maintenant les pianos jouent aussi dans les théâtres et dans des salles plus vastes, et les orchestres qui les accompagnent sont de plus en plus consistants. Ceci correspond aux exigences du nouveau public bourgeois, en grande expansion, qui confie aux intellectuels et aux artistes la tâche de produire et de diffuser les idées à une échelle de plus en plus vaste.

♦ **LES PIANOS FRANÇAIS** Vers 1830 Paris s'élève au rang de capitale du piano, non seulement car il accueille les plus grands virtuoses de l'époque, mais aussi grâce à la naissance d'un grand nombre de constructeurs de pianos, dont les plus grands sont Pleyel et Érard. La maison Pleyel avait été fondée à Paris en 1807 par Ignaz Pleyel (1757-1831), musicien et compositeur autrichien qui fut élève de Haydn, et fut ensuite dirigée par son fils Camille. Sébastien Érard (1752-1831) avait ouvert son atelier parisien en 1796. Sa plus importante invention, brevetée en 1821, est le double échappement qui, tout en permettant une nouvelle percussion de la touche avant que celle-ci ne soit revenue à sa place, consent une vitesse qui n'avait jamais été obtenue jusque-là dans les répétitions, les trilles, les trémolos et dans tous les passages demandant une certaine agileté. Ci dessus, le piano offert par Erard à Beethoven en 1804.

L'ATELIER PLEYEL A PARIS Il est situé rue Cadet, près de Montmartre. En 1830 il est pourvu d'une salle de concert où jouent les plus grands pianistes de l'époque. En revanche la salle Pleyel fut inaugurée en 1838 et c'est le nouveau centre de la vie musicale parisienne.

♦ **CAMILLE PLEYEL** (1788-1855). Chopin lui dédie en 1839 les *24 Préludes* op. 28. Il épouse la jeune pianiste Camille Moke qui fut la fiancée de Berlioz.

♦ **LA PRODUCTION DE PIANOS** Au cours du XIXe siècle, qu'il s'agisse de l'atelier de Pleyel ou de celui de Érard, tous deux ont produit environ 100.000 pianos.

♦ **LE CHÂSSIS** Il sert à maintenir les cordes tendues : durant ces années-là on introduit des barres métalliques pour soutenir leur tension qui est devenue majeure.

♦ **LES CORDES** L'angle et la longueur changent, le calibre et la tension augmentent : le volume sonore augmente.

♦ LE CLAVIER
L'extension augmente progressivement. La couverture en feutre des marteaux permet une plus grande variation de timbres.

♦ LES PÉDALES
La pédale de résonnance (celle de droite) permet de prolonger les sons et de modifier la qualité du timbre en soulevant tous les amortisseurs.

♦ Weber
Né dans le Holstein en 1786, élève de Michael Haydn et de l'abbé Vogler, il s'affirme comme pianiste et chef d'orchestre : *Kapellmeister* à Breslau, Stocarde, Prague et Dresde, il renouvelle les habitudes de ces théâtres, en soignant méticuleusement la préparation musicale des spectacles, des décors, des lumières et du jeu théâtral. Outre son activité de critique, il écrit un roman autobiographique, *Tonküstlers Leben* (*Vie d'un musicien*) inachevé. Après le *Freischütz*, Weber - ci-dessus dans un portrait - écrit *Euryanthe* pour Vienne et *Obéron* pour Londres, où il meurt de phtisie en 1826. Il compose deux Concertos et un *Konzertstück* avec orchestre, quatre Sonates et d'autres morceaux pour piano. Le rôle des vents se réalise dans les deux Concertos et dans le Concertino pour clarinette, et grâce aussi à son talent d'orchestrateur.

L'OPÉRA ALLEMAND ROMANTIQUE

A partir de la moitié du XVIIIe siècle, en Allemagne, aux côtés de l'opéra italien, le genre du *Singspiel* (littéralement "comédie chantée") s'affirme. C'est un type d'opéra aux caractéristiques différentes : livret en allemand, grandes parties parlées au lieu des récitatifs, sujets populaires, structures musicales simples, influençées par les mélodies populaires. Né comme genre "inférieur", le *Singspiel* fut élevé au rang artistique par Mozart et Beethoven. Le premier chef-d'œuvre d'époque romantique est *Der Freischütz* (*Le franc-chasseur*) de Carl Maria von Weber, représenté à Berlin le 18 juin 1821, et dirigé par son auteur : entre autres, Heine, Hoffmann et Mendelssohn âgé de douze ans, étaient dans la salle. En sept mois il est repris cinquante fois et en un an il est représenté dans trente théâtres.

♦ Ernst Theodor Amadeus Hoffmann
Poète, dessinateur, critique musical, compositeur, chef d'orchestre, E.T.A. Hoffmann (1776-1822) est l'un des précurseurs de l'opéra romantique allemand avec *Ondine* (1816).

Dans la gueule du loup
Dans le deuxième acte du *Freischütz*, le chasseur Caspar fait des sorcelleries, à minuit, pour invoquer Samiel, le démon auquel il a vendu son âme. Afin de survivre encore il lui offre comme victime son ami Max, auquel il a promis des balles ensorcelées.

♦ **La nuit**
Un élément typiquement romantique du *Freischütz* est le fréquent décor nocturne des scènes : "La moitié de cet opéra est dans les ténèbres", écrit Weber.

♦ **Les thèmes gothiques**
Démons, magies, sorcières et sortilèges sont très fréquents et dominent dans *Der Vampyr* (*Le vampire*), écrit par Heinrich Marschner en 1828.

L'orchestre
Pour les puissances démoniaques Weber utilise les notes basses du violon, viole, contrebasse, clarinette, basson, cor et les sombres roulements du tambour.

♦ **Après Weber : Richard Wagner**
Chopin ne compose pas d'opéras, Mendelssohn et Liszt juste durant l'adolescence : le seul des quatre grands romantiques qui se consacre au théâtre à l'âge mûr est Schumann avec *Genoveva*, inspiré d'un drame de Tieck, représenté sans grand succès en 1850. Richard Wagner (1813-1883) termine trois opéras définis "romantiques" de par leurs thèmes fantastiques et légendaires, qui peuvent être ramenés à la leçon de Weber. *L'Hollandaise volante*, *Tannhäuser* et *Lohengrin*, représenté pour la première fois en 1850 sous la direction de Liszt. Ensuite, avec *Tristan et Isolde* (1865) et la tétralogie *L'Anneau de Nibelung* (1876), Wagner - ci-dessus - renouvelle l'opéra au niveau musical et théâtral. Il influencera la culture en Europe entre la fin du XIXe et le début du XXe siècle.

♦ **Le nationalisme musical**
Jusqu'au début du XIXe siècle, les genres de compositions et les modèles formels élaborés en Italie, en France et dans les pays germaniques sont repris partout en Europe. Mais on assiste dans les autres zones, surtout dans la deuxième moitié du siècle, à un réveil qui assume des caractères spécifiques. En Russie, en Bohême, dans les pays scandinaves, naissent des musiques qui sont aussi tributaires de leur patrimoine folklorique : leur terrain préféré est celui de l'opéra et du poème symphonique, où l'on peut écrire des livrets dans la langue locale et choisir des sujets et des personnages historiques et littéraires nationaux. Le terme d'"écoles nationales", utilisé pour indiquer ce phénomène, ne correspond pas à la réalité car il suppose une continuité stylistique transmise de maître à élève et ce n'était pas le cas.

Europe 1820-1850 : les agitations

La Restauration, c'est-à-dire la tentative des puissances alliées (Autriche, Angleterre, Prussie et Russie) de rétablir l'ordre précédant la Révolution française et les guerres napoléoniennes ne pouvait pas effacer de l'histoire les nouvelles forces bourgeoises, ni même les aspirations nationales désormais réveillées dans les peuples et véhiculées par l'art romantique. Partout en Europe éclatent des mouvements qui revendiquent le principe de la souveraineté populaire et qui obtiennent de bons résultats dans les pays où le développement capitaliste et où la structure sociale sont les plus avancés : France, Belgique et Suisse. Ailleurs, comme en Pologne, ils sont réprimés. En effet, quand en janvier 1831 l'indépendance nationale est proclamée à la suite de l'insurrection menée par les cadres militaires qui avaient adhérés aux sociétés secrètes, la réaction russe se conclue avec la suppression de l'autonomie administrative et de la liberté politique.

Novembre 1830 : Varsovie s'insurge
L'Arsenal ainsi que le palais du vice-roi Constantin, frère du tsar, qui est obligé de fuir et est déclaré déchu, sont assaillis. L'indépendance nationale est alors proclamée.

Les militaires et la noblesse
Le général Clopicki, qui a combattu Napoléon, est tout d'abord mis à la tête de la nouvelle Pologne libre, puis c'est le prince Mikhail Radziwill. Après un siège interminable, Varsovie tombera de nouveau dans les mains des russes en septembre 1831.

♦ **Les rebelles**
Étudiants, bourgeois, rescapés de la campagne de Russie de 1812, lorsque la Pologne était l'alliée de Napoléon, soutiennent les militaires de tendance libérale. Bon nombre devra s'exiler.

♦ **Les sociétés secrètes**
Reprenant le modèle de la vieille maçonnerie, elles se developpent dans les pays arriérés où un renouvellement guidé par une élite semble urgent. Les dirigeants des États nationaux s'y forment.

♦ **Mille huit cent quarante huit**
Le système politique européen est miné par deux grandes forces destructrices : les mouvements patriotiques, qui visent à réaliser l'État national là où une unité politique n'existe pas (Italie, Allemagne, Pologne, Hongrie) ; et les mouvements démocratiques et socialistes les plus avancés qui soutiennent l'égalité des citoyens, la souveraineté populaire et le suffrage universel. Tout cela explose en 1848, lorsque l'Europe est traversée par un violent courant révolutionnaire : en France une révolte déchoit le roi et la république est proclamée ; Vienne, Berlin et l'Allemagne s'insurgent, tandis qu'explosent des révoltes anti-autrichiennes en Hongrie, en Bohême, en Croatie et en Italie. Karl Marx - ci-dessus - et Friedrich Engels rédigent le *Manifeste du Parti Communiste,* véritable guide du mouvement ouvrier.

♦ **Le drapeau de la Pologne**
Les rebelles brandissent le drapeau aux couleurs de la Pologne, le rouge et le blanc, pour affirmer leur identité nationale. Pour chaque nation européenne un drapeau devient ainsi le symbole des idéaux nationaux.

3. La vie de Chopin ♦ *En 1827 sa sœur Emilia meurt de phtisie à à peine quatorze ans. En 1828 il visite Berlin et l'année suivante il entend Paganini à Varsovie et est fortement impressionné. Il termine donc ses études à l'École Supérieure de Musique, fait un bref voyage à Vienne où il rencontre Czerny, Schuppanzigh et l'éditeur Haslinger. En1830, il décide de quitter la Pologne pour un voyage d'instruction et le 2 novembre il laisse Varsovie : il ne reverra plus jamais sa patrie. La nouvelle de la révolte de Varsovie lui arrive à Vienne alors qu'il ne s'y attendait pas.* ➳

LE DILETTANTISME MUSICAL

La mode de s'amuser à exécuter chez soi des morceaux de musique, qui avait dans l'aristocratie des origines très anciennes, se diffuse aussi rapidement dans le milieu bourgeois, dès le début du XIXe siècle : non seulement chez les riches banquiers tels les Mendelssohn et les Itzig à Berlin, mais aussi chez les fonctionnaires, les professions libérales et les artisans. Dans cette diffusion à tâche d'huile de la musique domestique, le piano joue un rôle de premier plan car il peut être utilisé soit comme soliste, soit comme accompagnement et support du chant ou des autres instruments, ainsi que comme substitution de l'orchestre dans les transcriptions à deux et à quatre mains. Partout en Europe, mais surtout dans les pays allemands, en Angleterre et en France, où la bourgeoisie est plus développée, on assiste à une croissance extraordinaire de la production de pianos, du marché des leçons privées et de l'édition musicale.

LA MUSIQUE CHEZ SOI
La pratique de la musique chez soi et la littérature musicale qui en dérive sont indiquées dans les pays allemands par le terme de *Hausmusik*, littéralement "musique domestique".

♦ **LE BIEDERMEIER**
Le style linéaire et fonctionnel de l'ameublement donne son nom au goût de toute une classe sociale.

♦ **A DEUX, QUATRE, SIX MAINS**
Les réductions pour piano jouent un rôle fondamental pour ce qui est de la diffusion des opéras et des symphonies.

♦ Un hobby qui anoblit
L'étude du piano et du chant, autrefois réservée aux nobles, devient un motif d'élévation sociale dans l'éducation des jeunes filles de bonne famille.

♦ La renaissance de la musique chorale
Phénomène typique du dilettantisme musical allemand et anglais, il se manifeste avec la naissance de chœurs et de grands festivals de musique chorale.

♦ Un répertoire de consommation
Pour les dilettants apparaît une littérature sur mesure de morceaux de piano légers, sentimentaux et assez faciles. L'exemple le plus célèbre est *La prière de la Vierge* de la polonaise Tekla Badarzewska, qui rien qu'en 1864 est réimprimé sept fois. Mais il n'y a pas que des pianistes et les mélodies les plus aimées sont adaptées pour divers instruments et ensembles : en moins de quarante ans plus de cinquante versions de l'*Avé Maria* de Gounod - ci-dessus -. Quant aux musiques des grands compositeurs, pour qu'elles se vendent mieux les éditeurs n'hésitent pas à leur donner des titres à effet. En 1841 Chopin se plaint de l'éditeur Wessel de Londres qui baptise son *Premier Scherzo* "Banquet infernal" et publie certains nocturnes comme "Les murmures de la Seine", "Les Zéfirs", "Les plaintes" et "Les soupirs".

♦ Le piano
Roi des instruments de la musique domestique, surtout dans ses versions économiques et moins gênantes : carré et vertical.

♦ Les combinaisons instrumentales
Afin de toucher un public de plus en plus vaste les musiques de succès sont adaptées pour les instruments et les ensembles les plus variés.

Le Lied romantique

Avec le terme allemand *Lied* (qui signifie “chant” ; au pluriel, *Lieder*) on indique une poésie mise en musique. Ce genre musical, typiquement germanique, se développe de façon extraordinaire à l’époque romantique, que ce soit dans sa forme a plusieurs voix, liée au monde des chœurs et du dilettantisme musical, ou dans celle à une seule voix accompagnée par le piano, dont les résultats artistiques sont élevés. On peut même dire que grâce à sa possibilité d’exprimer, avec l’union des mots et des sons, les aspects les plus intimes du moi de l’artiste, le *Lied* pour voix seule s’élève au rang de genre-clé du Romantisme allemand. D’un point de vue formel, dans un *Lied* la mélodie peut rester la même dans toutes les strophes poétiques (*Lied* strophique) ou changer de strophe en strophe (*Lied* non strophique, dit en allemand *durchkomponiert*).

♦ **Schumann : amour du poète**
Cultivé aussi par Weber et Mendelssohn (d’où dérive un genre pianisitique de succès, le *Lied ohne Worte*, la “Romance sans paroles”), Robert Schumann (1810-1856) est le plus grand représentant du *lied* romantique. Au travers de ses quelque 250 *lieder* il réalise cette superposition entre vie et art typique du Romantisme : ce n’est pas un cas si en 1840, l’année de son tant attendu mariage avec Clara Wieck (ci-dessus, un portrait d’eux deux), il en écrit environ 120, principalement dédiés à l’amour. Parmi ceux-ci, ses plus grands chefs-d’œuvre tels que les cycles *Frauenliebe und leben* op. 42 (*Amour et vie de femme*) sur des textes d’Adalbert von Chamisso, et *Dichterliebe* op. 48 (*Amour du poète*) sur des textes de Heinrich Heine. Après sa mort la grande saison du *lied* continue avec Johannes Brahms (1833-1897) et Hugo Wolf (1860-1903).

Die Winterreise : Voyage d’hiver
C’est le titre d’un important cycle émouvant de 24 *lieder* composés par Schubert à trente-deux ans en 1827, un an avant de mourir. La musique exprime parfaitement l’atmosphère glaciale et désolée des vers du poète allemand Wilhelm Müller (1794-1827).

♦ **Le voyageur**
Personnage typique du Romantisme allemand, il est le protagoniste d’un autre célèbre *Lied* de Schubert.

♦ Le père du Lied romantique
Le viennois Franz Peter Schubert (1797-1828) a composé environ six-cents *Lieder* outre des symphonies, des quatuors et des sonates pour piano. Ignoré par ses contemporains, il est redécouvert par les romantiques qui reconnaissent son génie.

♦ Le gel
La désolation intérieure du protagoniste se reflète dans la nature : c'est la nuit, il fait froid, le vent souffle, le sol est gelé.

♦ Le cimetière de campagne
Avec les feux follets, la chouette, les corbeaux, il appartient à une symbolique chère aux romantiques.

Le Romantisme français

♦ Le mythe de Shakespeare
"C'était la première fois que je voyais au théâtre des passions réelles, qui animaient des hommes et des femmes en chair et en os". Ainsi Alexandre Dumas commente les représentations de Shakespeare en 1827 - ci-dessus son portrait - , qui lui apparaît comme "l'homme qui a le plus créé après Dieu". Les musiciens romantiques s'inspirent du lui : Berlioz compose une *Fantaisie sur la Tempête* (1830), une ouverture pour *Roi Lear* (1831), la symphonie dramatique *Roméo et Juliette* (1839) et l'opéra *Béatrice et Bénédict* (1862) tiré de *Beaucoup de bruit pour rien* ; Mendelssohn compose en 1826 l'ouverture du *Songe d'une nuit d'été* et en 43 les musiques de scène ; Wagner tire en 1835 l'opéra *L'interdiction d'amour* de *Mesure par mesure* ; Schumann écrit une ouverture pour *Jules César* (1851) et Liszt le poème symphonique *Hamlet* (1858).

A la moitié des années vingt la vie culturelle française est balayée par un fort coup de vent de nouveauté. Autour de personnages tels que Victor Hugo se forment des groupes de jeunes intellectuels - lettrés, peintres et sculpteurs de la *Jeune France* - qui s'opposent à l'art classique et à ses règles figées. Dans la préface de *Cromwell* (1827), Hugo montre la voie au nouveau théâtre français en exaltant Shakespeare et Schiller, en trouvant au sein de l'histoire la source du drame moderne, en défendant un vers plus limpide et en condamnant les unités aristotélitiennes de temps, de lieu et d'action, jugées anacrhoniques. Le tournant se fait le 25 février 1830, lorsqu'à la Comédie française est représenté son *Hernani* qui suscite de vives polémiques dans la salle et dans la presse, s'élevant au rang de manifeste du Romantisme littéraire français, très sentimental et rêveur, en opposition au rationalisme des Lumières.

♦ Ophélie
Harriett Smithson, actrice médiocre, est à tel point idéalisée par Berlioz qu'il tombe amoureux d'elle sans même la connaître.

♦ De Vigny
En 1827 Alfred de Vigny (1797-1863) quitte l'armée pour se consacrer à la littérature. En 1829 il traduit en français *Otello* de Shakespeare.

Hamlet à Paris
Septembre 1827 : au théâtre de l'Odéon, la compagnie anglaise de Charles Kemble met en scène Shakespeare en langue originale : pour les jeunes français c'est une véritable révélation.

♦ **Victor Hugo** (1802-1885) Au-delà de son importance idéologique, le théâtre n'est pas la meilleure partie de sa vaste production.

♦ **Gérard de Nerval** Né en 1808, il publie à vingt ans une traduction du *Faust* admirée par Goethe. Miné par la folie, il meurt en se suicidant en 1855.

♦ **Berlioz** Foudroyé par Shakespeare à vingt-quatre ans (tout en ne comprenant pas l'anglais) et par l'actrice Smithson qu'il épousera cinq ans après.

♦ **L'influence de Chateaubriand** Dans son livre *René*, publié en 1805, François-René Chateaubriand (1768-1848) exprime les états d'âme de toute une génération : rien n'a de sens, tout n'est que vide, ennui, néant. Pour ce nouveau "mal du siècle", l'"indétermination des passions", aucun remède n'existe si ce n'est s'isoler du monde et se suicider ou, au contraire, accomplir des gestes extraordinaires, en faisant de sa propre vie un chef-d'œuvre.

♦ **Eugène Delacroix** (1798-1863) Loin des excès de Nerval et de ses amis, il est vu comme le chef de file des peintres romantiques.

Paganini

Symbole d'une virtuosité instrumentale poussée au-delà de toute limite, Niccolò Paganini s'affirme avec éclat sur la scène européenne au seuil de la cinquantaine, au cours des années 1828-1834. Il mène une vie dissolue, constellée de relations sentimentales orageuses à cause desquelles il finit souvent au tribunal et, même si ce n'est que pour quelques jours, il va aussi en prison. Même si ses compositions ne sont pas toujours d'une très grande valeur artistique et sont parfois victimes de fautes de goût, ses *24 Caprices*, en particulier, font évoluer de façon extraordinaire la technique du violon. Mais au-delà du violon, il est le véritable prototype du virtuose romantique et il stimulera fortement toute une génération qui accepte son défi à l'impossible en le reproposant sur le clavier du piano.

♦ Son influence sur les pianistes
Vers 1830 Paganini - ci-dessus, dans une caricature - exerce une influence fondamentale même sur la musique pour piano. Dans la foulée des très paganiniens *24 Caprices* pour violon seul, Chopin conçoit les *Etudes* op. 10 et op. 25 comme une *summa* et en même temps comme le dépassement de la technique instrumentale de l'époque. Même chose pour Liszt, qui après avoir entendu Paganini en 1832, non seulement écrit la *Fantaisie sur la Clochette de Paganini*, noyau générateur des *Grandes études de Paganini*, mais il transforme profondément son écriture pianistique ; au point que dès 1839 Schumann reconnaît que ça a été l'apparition de Paganini qui a poussé Liszt à “tenter l'extrême”. Même Schumann, foudroyé en 1830, se confronte avec ce terrible modèle dans les *Etudes sur les Caprices de Paganini* op. 3 et op. 10.

Un violoniste diabolique
Bon nombre de ses contemporains croient que la virtuosité de Paganini est le fruit d'un pacte avec le diable. Lorsqu'il meurt à Nice en 1840, l'évêque interdit sa sépulture au cimetière.

♦ Une activité vertigineuse
Né à Gênes en 1782, entre 1828 et 1834 Paganini joue partout en Europe : en une année il fait 151 concerts entre la France et l'Angleterre, et parcourt environ 10.000 kilomètres.

♦ **Applaudi par ses collègues**
Au cours de ses *tournées*, Paganini est applaudi par les plus grands musiciens de l'époque, dont Schubert, Chopin, Mendelssohn, Schumann, Liszt et Berlioz.

♦ **Dédicaces romantiques**
1838 : Paganini - ci-dessus, dans une miniature - offre 20.000 francs à Berlioz en signe d'admiration, l'aidant ainsi dans sa grave crise financière ; Berlioz s'acquitte en dédiant à Paganini sa partition de *Roméo et Juliette*. Ces dédicaces réciproques sont une habitude fréquente chez les romantiques. Parfois on assiste à un échange de chefs-d'œuvre, comme quand Schumann dédie la *Kreisleriana* à Chopin et la *Fantaisie* à Liszt et la politesse lui est renvoyée avec la *Seconde Ballade* du premier et la *Sonate en si mineur* du second. Il arrive que l'échange ne soit pas équitable : Chopin dédie à Liszt ses *12 Études* op. 10 en réponse à la dédicace de la *Fantaisie sur la fiancée* d'Auber, composition mineure. Les hommages à la littérature ne manquent pas : Goethe reçoit la dédicace du *Troisième Quatuor* de Mendelssohn et des *Davidsbündletänze* de Schumann.

♦ **Le concert comme spectacle**
Paganini n'hésite pas à jouer sur une seule corde, à imiter avec son violon les divers bruits des animaux et ni même à se présenter sur scène avec des lunettes aux verres colorés.

PARIS

♦ LA CAPITALE DE LA MUSIQUE
Le Paris des années vingt-trente connaît une vie musicale de très haut niveau et accueille un grand nombre de compositeurs influents, dont les compositeurs d'opéras italiens, Gioachino Rossini - ci-dessus d'après une caricature -, Luigi Cherubini, directeur du Conservatoire, et Ferdinando Paër, à la tête du théâtre des Italiens. En ce qui concerne le piano, les plus grands virtuoses de l'époque travaillent à Paris : Franz Liszt, Friedrich Wilhelm Lalkbrenner, Henri Herz, Ferdinand Hiller, Johann Peter Pixis. Des compositeurs tels que Liszt et Berlioz donnent une contribution importante à l'information musicale, dont l'homme de tête est le critique de la "Revue Musicale", François-Joseph Fétis.

Au sein d'une agglomération urbaine en perpétuelle expansion cohabitent non sans tensions l'aristocratie élégante, la bourgeoisie entreprenante et les populations pauvres venues de la campagne pour tenter leur chance. Dans ce climat effervescent la politique réactionnaire de Charles X finit par déchaîner la "révolution de juillet" qui, en 1830, marque la victoire du système constitutionnel libéral et garantit le pouvoir politique à la grande bourgeoisie. Le même modèle s'impose durant les deux années suivantes en Belgique et en Angleterre, où le processus d'industrialisation est encore plus intense. Dans tous ces pays le principal problème social et politique sera, dans les décennies futures, la confrontation entre la bourgeoisie et le jeune prolétariat urbain et industriel qui commence à s'organiser pour améliorer ses conditions et obtenir ses droits politiques.

SCÈNES DE LA VIE PARISIENNE
Arrivé à Paris en 1831, Chopin écrit de sa maison du boulevard Poissonnière : "Ici on voit à la fois le luxe le plus extrême et la plus immonde sâleté, les vertus les plus élevées et les dépravations les plus ignobles".

♦ LES THÉÂTRES POPULAIRES
Vers la moitié des années trente il y a environ une douzaine de théâtres mineurs, avec de petits orchestres, où l'on monte des spectacles de goût populaire.

♦ **Le répertoire symphonique** François-Antoine Habeneck (1781-1849) fonde en 1828 la Société des Concerts du Conservatoire et fait découvrir aux français les Symphonies de Beethoven.

♦ **Les théâtres d'opéra** Outre l'Opéra, principal théâtre lyrique de la capitale, il existe à Paris deux autres théâtres réservés à la musique. L'Opéra-Comique, où débutent plusieurs des principaux opéras français, à commencer par *La damnation de Faust* de Berlioz en 1846 : l'orchestre est très bon mais il n'y a pas de corps de ballet. Le Théâtre Italien, fréquenté par des intellectuels et dirigé par Rossini durant ces années-là, a un orchestre moins réputé et moins grand mais il accueille les plus grands virtuoses du chant (la Pasta, la Malibran, la Grisi, la Ungher, Lablache, Rubini, Tamburini) se consacrant au répertoire italien traditionnel (Paisiello, Cimarosa), contemporain (Rossini, Paër, Donizetti, puis, Mercadante et Verdi) et aux opéras de Mozart. *Les Puritains* de Vincenzo Bellini seront représentés ici avec grand succès en 1835 - ci-dessus, portrait - .

♦ **Les bourgeois parisiens** Ils destituent Charles X des Bourbons et élisent Philippe d'Orléans, dont l'autorité ne repose pas sur des droits divins mais sur la souveraineté nationale. La France, prise au dépourvu, subit l'initiative de la Capitale.

4. La vie de Chopin ♦ *Il quitte Vienne en juillet 1831 et en septembre il arrive à Paris, où il rencontre Kalkbrenner qui lui propose d'étudier avec lui. Chopin n'accepte pas mais ils restèrent amis. En Allemagne la recension enthousiaste de Schumann sur ses* Variations *op. 2 est publiée. Le 26 février 1832 il débute à la salle Pleyel lors d'une soirée où jouent aussi Kalkbrenner, Mendelssohn et Ferdinand Hiller. Sa demande d'audition à la Société des Concerts du Conservatoire est refusée. Commence alors une période de difficultés économiques.* ➳

♦ **Berlioz : la vie telle un roman**
Né à la Côte-Saint-André en 1803, il étudie la flûte et la guitare : il est le seul des grands romantiques qui ne sache pas jouer de piano. A Paris il étudie la composition avec Jean-François Leseur, le contrepoint et la fugue avec Anton Reicha. En 1831, ne réussissant pas à attirer l'attention de Harriett Smithson, dont il s'est épris en 1827, il se fiance avec la jeune pianiste Camille Moke - ci-dessus - ; pendant ce temps naît la *Symphonie fantastique*, dans laquelle il met en musique son obsession pour Harriett Smithson. Mais lorsqu'il découvre que Camille Moke l'a quitté pour Camille Pleyel, il décide de tuer les deux amants, la mère de Camille Moke et lui-même, mais il n'en fera rien. *Le retour à la vie* est le fruit de cette expérience bouleversante et qui sera en fait présenté comme la suite de la *Fantastique*. Il rencontrera Harriett Smithson et l'épousera en octobre 1833.

La Symphonie fantastique

Le 5 décembre 1830 François-Antoine Habeneck dirige la première exécution de la *Symphonie Fantastique* d'Hector Berlioz au Conservatoire de Paris. Loin de la grande tradition symphonique germanique, le jeune français donne naissance à une partition dont la palette orchestrale est extraordinaire, articulée en cinq mouvements parcourus par un thème récurrent et accompagnée d'un programme littéraire dont les éléments sont fortement autobiographiques (exemple parfait de superposition romantique entre vie et art). La mélodie, expressive mais longue et irrégulière, que l'on entend au début et qui revient, toujours transfigurée, dans les mouvements suivants est une sorte d'*idée-fixe* qui représente la femme aimée, Harriett Smithson.

Épisodes de la vie d'un artiste
Tel est le sous-titre apposé par Berlioz à la partition de la *Fantastique*. Les auditeurs de la première reçoivent le programme de la composition avec l'avertissement de le considérer "comme le texte parlé d'un opéra".

♦ **Un bal**
Le deuxième mouvement décrit un bal durant lequel l'artiste, même au milieu de tant de gens, est toujours obsédé par la pensée de la femme aimée.

♦ **Rêves, passions**
Dans le premier mouvement ce sont les divers sentiments inspirés à l'artiste par la pensée de la femme aimée (amour, tendresse, jalousie et colère) qui sont décrits.

♦ **Hector Berlioz e Harriett Smithson.**

♦ **Le traité d'orchestration**
En 1843 Berlioz - ci-contre, d'après une caricature - publie son *Grand traité d'orchestration moderne*, travail très instructif pour ce qui est de la meilleure utilisation possible des instruments.

♦ **Scène dans les champs**
Dans le troisième mouvement le jeune se réfugie dans la solitude des champs et se laisse aller à son "mal de l'isolement".

♦ **Au supplice**
Dans le quatrième mouvement l'artiste, désormais certain d'avoir été trahi, cherche un refuge dans l'opium et, en proie à de terribles cauchemars, il imagine qu'il a lui-même tué sa bien-aimée et qu'il assiste à sa propre exécution.

♦ **Le sabbat final**
Dans le cinquième mouvement le cauchemar devient de plus en plus visionnaire et l'artiste se retrouve au milieu d'un sabbat de sorcières où retentit une parodie du *Dies irae*.

L'Opéra de Paris

Dès le XVIIe siècle l'opéra français s'est développé sur la scène du principal théâtre lyrique de la capitale en suivant un modèle qui attribue une grande importance à l'élément scénographique, aux danses et aux chœurs. En se rattachant à ce modèle et aux opéras de Spontini et de Cherubini, un type d'opéra très spectaculaire, caractérisé par une grande richesse des décors et des chorégraphies, par une utilisation massive du chœur et de l'orchestre, par l'exhibition de la virtuosité des chanteurs, naît vers 1830. Des opéras tels que *La muette de Portici* (1828) d'Auber, *Guillaume Tell* (1829) de Rossini et *Robert le diable* (1831) de Meyerbeer donnent naissance à un genre appelé *grand-opéra* dont le plus grand représentant est l'allemand Giacomo Meyerbeer (1791-1864), qui écrit pour l'Opéra *les Huguenots, le Prophète* et *l'Africaine*.

♦ Les opinions des romantiques
Les opéras de Meyerbeer - ci-dessus, son portrait - provoquent des opinions divergentes chez les romantiques : Chopin pense que *Robert le Diable* est "un chef-d'œuvre de la nouvelle école" tandis que Mendelssohn écrit : "Confronté à une œuvre d'art c'est comme une décoration picturale par rapport à un tableau : c'est la décoration qui fait effet mais si on l'observe bien on s'aperçoit qu'elle a été peinte avec les pieds" ; *les Huguenots* sont "une encyclopédie" pour Berlioz et provoquent le "dégoût" de Schumann qui fait la recension de *le Prophète* en dessinant une croix. Wagner, ex-admirateur de Meyerbeer, est lui aussi féroce et ne voit dans sa musique que des "effets sans cause". Les compositeurs allemands ne pardonnent pas à leur collègue d'avoir trahi la cause de l'opéra allemand.

♦ Romantiques et le Moyen-âge
L'action est située à Palerme au XIIIe siècle, dans une Sicile et un Moyen-âge littéraires. La scène finale est dans une cathédrale de Palerme.

♦ Diables et religieuses
L'opéra est riche d'éléments gothiques tels que la danse des religieuses évoquées par les tombes.

Le triomphe de Robert le diable
La première de *Robert le Diable* à l'Opéra est le 21 novembre 1831. Précédé par un énorme *battage* publicitaire, l'opéra obtient un succès sensationnel : durant les trente premières années de programmation, *Robert le Diable* est représenté plus de 400 fois rien qu'en France.

♦ **ADOLPHE NOURRIT** (1802-1839), premier ténor de l'Opéra et outre *Robert le Diable* il chante aussi dans la première des *Huguenots* et du *Guillaume Tell* de Rossini. Il se suicidera en Italie.

♦ **EUGÈNE SCRIBE, LIBRETTISTE DE SUCCÈS**
Outre pour *Robert le Diable* et pour les autres *grands opéras* de Meyerbeer, Scribe (1791-1861) - ci-dessus, son portrait - a écrit des livrets pour Auber, Rossini, Cherubini, Donizetti et Verdi.

♦ **LA FIN DE BERTRAM**
A la fin de l'opéra l'ami de Robert, qui était en réalité un diable, qui l'avait engendré et qui voulait aussi s'approprier de son âme, est vaincu et précipité en Enfer.

♦ **LAURE CINTI-DAMOREAU** (1801-1863) soprano, première interprète d'Isabella. En 1841 elle participe au concert de Chopin, à la salle Pleyel, où il fait son retour sur la scène parisienne.

La symphonie romantique

La production de Mendelssohn et de Schumann démontre que pour les romantiques allemands la symphonie est un problème : d'un côté, ils s'orientent vers des formes plus brèves et plus souples ou vers la musique à programme ; de l'autre l'expérience de Beethoven est un modèle vénéré mais impossible à atteindre. Mendelssohn, après ses débuts à quinze ans, ne publie que deux de ses cinq symphonies, dont l'une n'est pas vraiment une symphonie puisqu'elle a de vastes parties chantées et les autres sont liées à des occasions extra-musicales.
Le cas de Schumann n'est pas moins tourmenté : il débute à trente et un ans avec une Symphonie s'inspirant d'un poème sur le printemps, il retire la *Seconde* et en fait un cycle douze ans plus tard, après avoir licencié la *Seconde* et la *Troisième*, *"Renana"* en cinq mouvements.

♦ Symphonies au programme
Hors d'Allemagne la symphonie suit des aléas particuliers. Chopin n'en compose pas. Il n'écrit rien qui ne concerne le piano en tant que protagoniste et n'utilise l'orchestre que dans ses pages de jeunesse pour piano et orchestre. Berlioz, avec la *Fantastique,* signe un chef-d'œuvre absolu qui s'éloigne de la tradition allemande de par sa théâtralité. Même Liszt se tourne vers la musique à programme : après l'abandon de l'ébauche d'une *Symphonie révolutionnaire* en 1830 à Paris, entre 1854 et 1856 il compose la *Symphonie Faust*, inspirée de Goethe, en trois mouvements, dédiés à trois protagonistes du drame - ci-dessus, *Faust* et *Méphistophélès* dans une lithographie de Delacroix - et la *Symphonie Dante*, inspirée de la *Divine Comédie*, dans les deux mouvements l'*Enfer* et le *Purgatoire*.

Golfe de Naples, 1831 : Mendelssohn écrit l'"Italienne"
Ébauchée durant son voyage en Italie et terminée en 1833, lors de sa première représentation à Londres et malgré son succès, Mendelssohn soumet l'*"Italienne"* à de nombreuses révisions et elle sera publiée posthume comme *Quatrième*.

♦ La nature
Mendelssohn est fasciné par la mer et par les parfums de celle que Goethe avait appelée "la terre où fleurissent les citrons".

D'autres partitions nées en Italie
Mendelssohn travaille aussi à la *Symphonie "Écossaise"* et à la cantate *La première nuit de Valpurga* d'après un texte de Goethe. Autant il est enthousiasmé par les paysages autant il est déçu par le niveau des orchestres, des chœurs et des théâtres italiens qu'il décrit de façon terrible dans ses lettres.

♦ Istantanées de voyage
Mendelssohn est un excellent paysagiste et il fixe les plus belles vues de ses voyages en de fines aquarelles.

♦ Schubert, l'isolé
Il meurt en 1828 à trente et un ans sans entendre ni l'exécution en public, ni la publication d'aucune de ses symphonies. Après six symphonies de jeunesse, il ne termine que la *Symphonie en Do majeur*, écrite en 1825-1826 et exécutée pour la première fois en 1839. Le sort de la *Symphonie en si mineur*, dite *"Inachevée"* est pire car en 1822, il ne termine que les deux premiers temps et elle n'a été redécouverte qu'en 1865. Dans ces deux chefs-d'œuvre, au-delà d'un apparent respect de la tradition, il met en évidence sa totale autonomie par rapport à Beethoven (déjà reconnue par Schumann) au travers du style rêveur des thèmes, de la liberté fantaisiste avec laquelle il passe d'une tonalité à l'autre et de la conception de la structure musicale en créant un modèle pour les auteurs tardo-romantiques tels Anton Bruckner.

♦ La saltarelle
Le dernier mouvement de la *Quatrième* est une saltarelle, une sorte de tarantelle déchaînée en hommage au folklore italien.

Le salon musical

Partout en Europe les exhibitions dans les salons des nobles, des ministres et des riches bourgeois sont capitales pour un artiste. Dans un écrit de 1836 Schumann distingue les salons du grand monde et ceux des intellectuels : dans les premiers la musique est un élément ludique et doit donc être légère et sentimentale ; c'est dans ce contexte que naît la "musique de salon". Dans les seconds, elle est plus sérieuse, comme c'est le cas chez les Mendelssohn ou dans le salon du banquier parisien Auguste Léo, où Chopin est chez lui : Ignaz Moscheles y joue les dernières sonates de Beethoven, juste publiées, pour beaucoup incompréhensibles et qui restent pendant longtemps en marge du répertoire de concert.

♦ **Clara Wieck** (1819-1896) - ci-dessus, son portrait - Élève de piano de son père Friedrich, elle débute en public à huit ans, se faisant aussi remarquer comme compositrice ; à douze ans elle entreprend une tournée qui la mène à Weimar où elle joue pour Goethe, alors âgé de plus de quatre-vingt ans, et à Paris. En 1838, à Vienne, elle est nommée "virtuose de chambre" par l'Empereur ; malgré la ferme opposition de son père, elle se fiance avec Schumann qu'elle épouse en 1840. Mère de huit enfants, elle continue à jouer partout en Europe même après la mort de son mari (1856), lorsqu'elle se lie d'une amitié profonde avec Johannes Brahms. De 1878 à 1892 elle enseigne au Conservatoire de Francfort. Outre les musiques de Schumann, son répertoire comprend surtout des compositions de Beethoven (y comprises les dernières sonates), de Mendelssohn, de Chopin et de Brahms.

♦ **Le guitariste andaloux** Clara doit partager l'avant-scène avec un fougueux guitariste andaloux en costume. Ceci témoigne de l'atmosphère de frivolité des salons aristocratiques parisiens.

Mars 1832 : Clara Wieck à Paris Clara Wieck âgée de douze ans, pianiste progide de Leipzig, joue à Paris dans le salon de la princesse Vandamore en présence de princes, d'ambassadeurs, de ministres et du pianiste Kalkbrenner.

5. La vie de Chopin ♦ *Grâce aux nobles polonais réfugiés à Paris, il devient le professeur de piano le plus demandé de la capitale. Au printemps 1834 il va en Allemagne où il rencontre Mendelssohn ; en décembre il joue dans un concert dirigé par Berlioz. En 1835 il joue au théâtre des Italiens pour les réfugiés polonais, puis il débute à la Société des Concerts. En été il se rend à Karlsbad, où il revoit pour la dernière fois ses parents, à Dresdes, invité par la famille Wodzinski et puis à Leipzig, où il revoit Mendelssohn et fait la connaissance de Friedrich et Clara Wieck ainsi que de Robert Schumann.* ➻

♦ **La faveur des nobles** Le succès dans la haute société parisienne peut signifier l'accès aux grandes salles de concert et à une véritable réussite dans le domaine des leçons privées.

♦ **Friedrich Wieck** (1785-1873) Après avoir fondé un atelier de fabrication de pianos, il se consacre à l'enseignement. Parmi ses élèves, en plus de Clara, Schumann et Hans von Bülow.

♦ **Une occasion manquée** Le 9 avril Clara doit débuter dans une grande salle parisienne, mais le choléra éclate dans la capitale et oblige les Wieck à rentrer précipitamment à Leipzig.

♦ **Friedrich Kalkbrenner** Né en Allemagne en 1785, il s'est formé à Paris et à Vienne, où il rencontre Haydn et Beethoven. Il est l'associé de Pleyel à Paris et est un enseignant très estimé.

SCHUMANN

Ayant reçu, comme Mendelssohn, une excellente formation littéraire et philosophique, il est indécis jusqu'à vingt ans entre la musique et la littérature. Personnalité complexe et tourmentée mais bouillonnante, il semble incarner parfaitement le rôle du musicien romantique, avec sa superposition continuelle entre biographie et art, né de la fantaisie de Hoffmann et d'autres écrivains. Lui-même affirme au travers d'un paradoxe significatif qu'il a appris plus sur le contrepoint en lisant les romans de son vénéré Jean-Paul qu'avec son professeur de composition. Tourmenté par le fait de ne pas arriver à égaler avec sa musique le succès de ses écrits critiques, ni la notoriété de sa femme Clara, miné par une dépression et par la folie, en 1854, après avoir tenté de se suicider en se jetant dans le Rhin, il est interné dans un institut pour maladies mentales où il meurt deux ans plus tard.

♦ **LES PÉRIODES DE SCHUMANN**
Pendant environ dix ans l'allemand Robert Schumann - ci-dessus, son portrait - (1810-1856) est absorbé par le piano et, jusqu'à l'op. 23, il ne compose que pour le piano. Puis ce lien s'atténue tandis que d'autres centres d'intérêts se développent : en 1840 il se consacre au *Lied* et en compose plus de 120 ; en 1841 c'est la musique symphonique et il achève deux symphonies (la *Première* est une première version de celle qui dix ans après sera la *Quatrième* et dernière) et le premier mouvement de son unique *Concerto* pour piano et orchestre ; en 1842 il compose de la musique de chambre avec les trois *Quatuors* op. 41 pour cordes et le *Quintette* op. 44 ainsi que le *Quatuor* op. 41 pour piano et cordes. Il commence aussi à penser à un opéra et, entre 1847 et 1850 il compose *Genoveva*, son seul chef-d'œuvre en ce genre.

«PETITES SCÈNES SUR QUATRE NOTES»
Le *Carnaval* op. 9 tourne autour des notes présentes, selon la terminologie allemande, dans le nom du village (Asch) de la fille qu'il aime et qui sont aussi les seules notes dans son nom.

♦ **ADIEU AU PIANO**
Il a définitivement gâché sa carrière de pianiste à cause d'un appareil servant à renforcer l'annulaire.

♦ **EUSEBIUS**
Le protagoniste du cinquième morceau du *Carnaval*, qui représente le côté méditatif de la personnalité de Schumann.

♦ **Les protagonistes du Carnaval** Clara Wieck, Chopin et Paganini sont décrits dans les vingt-et-un tableaux du *Carnaval*.

♦ **Florestan** Décrit dans le sixième morceau, il s'oppose à Eusebio en incarnant la partie la plus flambante de l'âme de Schumann.

♦ **Un critique musical de génie** Schumann découvre en 1831 les *Variations* op. 2 de Chopin, alors inconnu, et il en fait la critique dans un article enthousiaste qui dit : "Bas les chapeaux, messieurs : un génie !". En 1834 il fonde à Leipzig une revue musicale, la "Neue Zeitschrift für Musik" dans laquelle il signe souvent ses articles avec les noms des membres d'une "Ligue des frères de David" imaginaire, en guerre contre les "philistins" de la musique : "Eusebius" et "Florestan" sont les pôles extrêmes de sa personnalité, et "Maître raro" est le sage, inspiré à Friedrich Wieck, avec lequel les contrastes s'équilibrent. En 1853, peu avant de sombrer définitivement dans la folie, Schumann publie un article intitulé *Voies nouvelles* dans lequel il signale à l'attention du monde musical Johannes Brahms, âgé de vingt-et-un ans - ci-dessus, son portrait - .

La naissance du récital de piano

Au début du XIXe siècle, un pianiste présente ses propres compositions à l'intérieur d'une manifestation variée - l'académie - à laquelle prennent part des chanteurs, d'autres instrumentistes et des groupes de chambre. Le concert soliste, vu comme soirée musicale confiée à un seul pianiste interprétant surtout des musiques d'autres compositeurs n'existe pas encore. L'inventeur du récital est Ignaz Moscheles qui, en 1837, à Londres, fait un concert entièrement dédié au piano (avec juste un intermède de quatre petits morceaux chantés) en jouant surtout des musiques d'auteurs du passé. Deux ans après, à Rome, Liszt fait lui aussi des concerts de ses compositions, qu'il définit des "soliloques musicaux". Le terme anglais recital est utilisé pour la première fois en 1840 pour un de ses concerts à Londres.

♦ **Ignaz Moscheles** (1794-1870) Maître et ami de Mendelssohn, très estimé par Chopin, il quitte les concerts vers 1840.

Février 1837 : le défi de Moscheles
Le programme choisi par Moscheles est "historique" (Bach, Händel, Scarlatti) et sur Beethoven et Weber, pratiquement ses contemporains ; les seuls morceaux de lui sont certaines *Études*.

La partition
Généralement on jouait avec la partition. Clara Wieck fut une des premières qui introduisit la coutume de jouer de mémoire.

♦ **Redécouverte du passé**
Pour exécuter Scarlatti, Moscheles se sert du clavecin, instrument qui n'était plus utilisé à l'époque.

♦ **Les réactions du public**
Tous n'apprécient pas une soirée si monocorde où, de surcroît, on n'écoute plus les musiques les plus à la mode comme les fantaisies sur des airs d'opéra.

LISZT

♦ LA VIRTUOSITÉ TRASCENDANTALE
Née dans un but didactique en tant que brève composition centrée sur une seule difficulté technique, l'Étude se transforme en œuvre d'art dans les mains des romantiques. Chopin publie en 1833 les 12 Études op. 10 et en 1837 les 12 Études op. 25. Liszt, qui avait déjà composé à quinze ans 12 Études, les réélabore profondément en 1837, puis encore en 1851 lorsqu'il ajoute au titre (tout comme à celui des 6 Grandes Études de Paganini de 1838) l'adjectif qui dès lors distingua la virtuosité romantique : "trascendantale". Quant à Schumann, après ses Études sur les Caprices de Paganini il compose les Études Symphoniques op. 13 (1834-35), dont le titre souligne la complexité de l'écriture. Une complexité qui est aussi formelle vu que Schumann réalise une fusion originale entre la forme de l'étude et celle de la variation.

Né en Hongrie en 1811, enfant prodige, il complète sa formation à Vienne et à Paris. Célèbre en Europe dès l'âge de quatorze ans, à seize ans il abandonne presque la carrière de concertiste et à dix-huit, en proie à une crise mystique, il pense prendre les ordres. Au début des années trente il revient sur scène, poussé aussi par l'exemple fulgurant de Paganini : jeune, charismatique, aimé par les femmes, idôlatré par le public, devient vite le virtuose par antonomase. Mais sa célébrité lui nuira, obscurcissant sa grande importance en tant que compositeur et divulgateur musical. Parmi les nombreux aspects romantiques de sa vie, le contraste criant entre sa vie sentimentale libertine et le profond mysticisme qui l'envahit : il se définit "mi-tzigane et mi-franciscain".

♦ LA "LISZTOMANIE" ÉCLATE EN EUROPE
C'est ainsi que Heine définit l'activité de virtuose de Liszt qui atteint son apogée entre 1839 et 1847, losqu'il joue dans 166 villes de dix-huit pays différents, du Portugal à la Russie, du Danemark à la Turquie.

♦ Compétition de bienfaisance
Le billet d'entrée de cette soirée, organisée en faveur des réfugiés italiens, coûte 40 francs.

1837: le défi entre Liszt et Thalberg
Organisé à Paris dans le salon de la princesse de Belgioioso pour résoudre un doute soulevé par la presse, il reste sans véritable vainqueur. Selon un commentaire du public devenu célèbre : "Thalberg est certainement le premier pianiste du monde, Liszt est le seul".

♦ Sigismund Thalberg
(1812-1871)
Il est célèbre pour son toucher chantant et pour son usage savant de la pédale.

♦ Le programme
Liszt joue son Divertissement sur la "Niobe" de Pacini, Thalberg sa Fantaisie sur le "Mosè in Egitto" de Rossini.

♦ Au-delà de la virtuosité
Liszt - ci-dessus, sa photo - survit à Mendelssohn et à Chopin de presque quarante ans, de trente à Schumann : sa vie change alors beaucoup. En 1848 il abandonne son activité de pianiste et devient maître de chapelle à Weimar (1848-60) où, tout en composant les poèmes symphoniques, non seulement il est chef d'orchestre, divulgue la musique de Wagner, de Berlioz, du bohème Smetana et d'autres jeunes, mais est aussi didacte de piano et forme un groupe de très bons pianistes qui diffusent son enseignement en Europe. De 1861 à 1869 il vit à Rome et se consacre à la musique sacrée et en 1865 il reçoit la tonsure et les ordres mineurs. Les dernières années sa musique, surtout une série de brefs morceaux pour piano, renonce à toute virtuosité pour une écriture très audacieuse du point de vue de l'harmonie et du timbre.

♦ Cristina di Belgioioso
Son salon parisien accueille des intellectuels venant de toute l'Europe. Née à Milan en 1808, elle jouera un rôle important dans le "Risorgimento" italien.

6. La vie de Chopin ♦ *En été 1836 il va à Marienbad pour rencontrer les Wodzinski : il se déclare à Maria Wodzinska qui se fiance avec lui, à condition qu'il soit approuvé par ses parents. A Leipzig il rencontre de nouveau Schumann et à Paris Liszt lui présente l'écrivain George Sand. Au printemps 1837 ses rapports épistolaires avec Maria cessent : Chopin recueille ces lettres et une rose en un paquet où il écrit "mon malheur". George Sand l'invite à Nohant, mais il part avec Camille Pleyel à Londres où il joue dans la salle de Broadwood.*

George Sand

♦ **La tuberculose**
Appelée ausi tbc ou phtisie, c'est une maladie infectueuse chronique qui touche surtout les poumons. Durant sa phase initiale les symptômes sont très vagues et très vite s'ajoute un toux fréquente qui peut être accompagnée de crachats de sang (hémoptysie). Signalée dès l'Antiquité, elle a explosé à la fin du XIXe siècle à cause du manque d'hygiène dû à l'urbanisation : durant la décennie 1851-1860 la mortalité moyenne a été de 3840 pour chaque million d'habitants en Angleterre et de 3560 en Belgique : ceci explique son appellatif de "peste blanche". Parmi les victimes, Weber, Chopin, sa sœur Emilia et son ami Matuszinski, Novalis, sa fiancée et son frère, John Keats, sa mère et un de ses frères, un des fils de Liszt et deux des fils de Schumann. Le bacille de la tuberculose a été découvert en 1882 par Robert Koch - ci-dessus, dans une photo - .

Le plus important lien sentimental de Chopin est celui qu'il a vécu, de 1838 à 1847, avec l'écrivain George Sand (1804-1876). Le choix d'un nom masculin comme pseudonyme (son vrai nom est Aurore Dupin de Francueil) n'est qu'une de ses nombreuses attitudes anticonformistes et transgressives et, une fois installée à Paris avec les deux enfants qu'elle a eu lors de son mariage râté avec le baron Dudevant, elle fréquente les milieux des artistes en s'habillant souvent en homme, en fumant de gros cigares et en menant une vie sentimentale houleuse. Dotée d'une personnalité très éloignée de celle du délicat et très sensible Chopin, elle est l'auteur fécond de romans de succès, aujourd'hui oubliés : ses œuvres complètes, publiées durant la deuxième moitié du XIXe siècle sont en 109 volumes.

Leçons au nom de l'amitié
Chopin et George Sand fréquentent l'atelier du peintre Eugène Delacroix et, bien que ce dernier ne prennent pas d'élèves, il donne quelques leçons de peinture à Maurice, le fils de l'écrivain.

♦ **Delacroix**
Né en 1798, cultivé, mélancolique, toujours insatisfait, c'est le grand ami de Chopin. Il refuse l'appellatif de "romantique" pour sa peinture mais il est considéré le plus grand peintre romantique français.

♦ **Maurice Dudevant**
Chopin n'a jamais eu un bon rapport avec le fils aîné de George Sand, tandis que son affection pour Solange, la sœur de George, l'accompagne toute sa vie.

♦ Comme la musique Pour Delacroix un tableau est une fête des yeux exprimant l'irrationnel, pareil à la musique.

♦ Les romantiques vus par les romantiques Compositeur très moderne par rapport à son époque, Chopin - ci-dessus, portrait fait par Delacroix - n'a pas de goûts modernes et n'apprécie pas ses contemporains : il ne comprend pas la peinture de son ami Delacroix (qui le considère inférieur à Mozart), ni la musique de Schumann. D'ailleurs même Schumann, son grand admirateur depuis toujours, est perplexe face à certains de ses choix formels et Liszt considère ses dernières compositions comme le fruit d'une "sensibilité malade". Un autre cas éclatant d'incompréhension entre romantiques, outre celui que nous avons déjà rappelé au sujet de Meyerbeer, est celui de Berlioz vu par Mendelssohn, lequel écrit au sujet de la Fantastique : "De-ci, de-là tous les instruments ont des moments de nausée et vomissent une musique qui rend malheureux ceux qui l'écoutent".

♦ Le portrait divisé en deux Delacroix peint Chopin et George Sand ; par la suite le tableau sera divisé en deux ; une partie au Louvre et l'autre à Copenhague.

7. La vie de Chopin ♦ *Le 25 février 1838 Chopin joue en privé pour le roi Louis Philippe, le 12 mars, à Rouen, il joue pour la dernière fois avec un orchestre. En juin c'est le début de sa relation avec George Sand ; en octobre il va avec l'écrivain et ses enfants à Majorque, où il espère que le climat doux lui fera du bien. Ce séjour se révèle en fait terrible pour sa santé ; quatre mois plus tard ils rentrent tous deux en France, mais Chopin n'est pas en mesure d'aller jusqu'à Paris. Ils s'arrêtent à Marseille jusqu'en mai, puis vont à Nohant. Le 29 otcobre 1839 il joue de nouveau pour le roi, avec Moscheles.* ➳

Les Nocturnes

Durant les premières années du XIXe siècle la faveur dont jouissaient les romances pour voix et piano chez les dilettants provoque la naissance de formes qui ramènent sur le clavier la simple et symétrique structure de la chanson (A-B-A'), construite avec une mélodie rêveuse sur la main droite, accompagnée par des arpèges sur la gauche qui, grâce au perfectionnement de la pédale de résonance, peuvent s'enrichir d'une plus vaste gamme de sons.
Les premiers travaux de ce genre publiés vers 1812 par John Field s'appellent *Romances* et peu de temps après il adopte le titre français de *Nocturnes*, en obtenant une célébrité européenne. Suivant Field et sa rivale Maria Szymanowska, Chopin compose son premier *Nocturne* en 1827 et en écrira toute sa vie, faisant subir une maturité extraordinaire à ce genre devenu paradigmatique de toute sa production.

♦ **John Field**
Pianiste et compositeur né à Dublin (1782-1837) - ci-contre, son portrait -, élève de Muzio Clementi, il est considéré comme le père du nocturne pianistique.

Chopin joue pour ses amis
Par rapport à Liszt et aux autres pianistes de l'époque, Chopin donne très peu de concerts. Il n'aime pas le public et les grandes salles de concert, inadaptées à sa façon de jouer, à ses sonorités très délicates. Mais il joue souvent chez lui, tard dans la nuit, pour les intimes.

♦ **Auguste Franchomme**
Violoncelliste au Théâtre Italien et au Conservatoire ; Chopin lui dédie la *Sonate* pour violoncelle et piano.

♦ **Franz Liszt**
Célèbre partout en Europe comme virtuose du clavier, il devient un bon ami de Chopin qui lui dédie les *12 Études* op. 10.

♦ **Marie d'Agoult**
En 1835, à trente ans, elle quitte son mari pour vivre avec Liszt, avec lequel elle aura trois enfants. Chopin lui dédie les *12 Études* op. 25.

♦ **Ses amis polonais**
A Paris Chopin se lie à Wojciech Grzymala et retrouve ses amis d'enfance Julian Fontana, émigré en Amérique en 1841, et son cher Jan Matuszynski qui meurt de phtisie en 1842.

♦ **La nuit du romantisme**
Comme zone de mystère, ténèbre, indétermination, solitude, rêve, cauchemar, passion, la nuit est le moment de la journée le plus cher à l'esthétique romantique. Les *Hymnes à la nuit* (1799) de Novalis - ci-dessus, son portrait - inaugurent une époque de poésie, de romans et de drames, des tableaux de scènes nocturnes, illuminés ou non par de poétiques "clairs de lune". Dans le domaine musical plusieurs compositions sont inspirées à la nuit : outre les œuvres théâtrales et des *Lieder* situés dans un cadre nocturne, s'ajoutent les *Nocturnes* de Mendelssohn dans les musiques de scène du *Songe d'une nuit d'été* et la cantate sur un texte de Goethe *La première nuit de Valpurga*. Dans le domaine du piano, au-delà des 21 Nocturnes de Chopin, il y a les 4 *Pièces nocturnes* op. 23 et *Dans la nuit*, la cinquième des *Pièces fantastiques*. op. 12 de Schumann et *En rêve. Nocturne* de Liszt.

8. **La vie de Chopin** ♦ *1840 est une année tranquille, même si les émothyses réapparaissent en hiver. Le 26 avril 1841 Chopin joue à la Salle Pleyel. Pour son premier concert public à Paris après six ans, il choisit une formule qu'il n'abandonnera plus : pas plus de trois cents personnes dans la salle, des billets à vingt francs l'un. En plus du succès triomphant il y a la critique de Liszt sur la "Revue et Gazette Musicale de Paris". En décembre il joue pour la dernière fois pour le roi Louis Philippe. Peu après son ami Julian Fontana, qui l'aide en tant que copiste et secrétaire, émigre en Amérique.*

♦ Les "pères fondateurs"
Le premier des grands compositeurs romantiques qui a contribué de façon déterminante à la naissance de la direction d'orchestre moderne est Weber : même si on le voit sur une lithographie de 1826 diriger avec un rouleau de musique - ci-dessus -, il utilise souvent une baguette et la partition tout en étant debout, se distinguant par ses répétitions méticuleuses et le soin apporté à la disposition de l'orchestre. Mendelssohn suit le même sillage et il fait de l'orchestre du Gewandhaus de Leipzig un des meilleurs du monde, il met tout en œuvre pour divulguer la musique de Mozart, de Beethoven, de ses contemporains et il contribue à élaborer le concept de répertoire musical en dirigeant la musique du passé, comme la *Passion selon Mathieu* de Bach, oubliée pendant cent ans et divers oratoires de Händel.

La direction de l'orchestre

Jusqu'à Beethoven le rôle du chef d'orchestre n'est pas défini et c'est le compositeur ou le premier violon qui donnent les prinicpales indications. Durant l'époque romantique, la complexité de plus en plus importante des partitions, l'extension des ensembles orchestraux, le jugement du public payant des sociétés de concerts rendent bien vite indispensable la présence d'un musicien spécialisé qui supervise le tout, de la concertation durant les répétitions à la direction durant les concerts. La naissance du concept moderne d'interprétation musicale est liée à ce phénomène et à la pratique croissante (dans le domaine pianistique aussi) d'exécuter des musiques d'autres compositeurs. L'esthétique romantique subit le charme divin de ce personnage dominant, capable de deviner les intentions et de les imposer aux masses.

Leipzig, 1839 :
la découverte de Schubert
Mendelssohn est le premier à diriger la *Symphonie en do majeur* de Schubert, retrouvée à Vienne par Schumann. Elle fut longtemps considérée trop longue et difficile : en 1842 et 1844 les orchestres de Londres et de Paris la refusent.

♦ L'utilisation de la partition
Elle se répand plus difficilement : même un chef d'orchestre important comme Habeneck utilise la partie du premier violon et quelques notes manuscrites.

♦ Théorie de la direction
Les règles d'or pour un chef d'orchestre moderne sont théorisées par Berlioz dans l'*Art du chef d'orchestre*, publié en 1844 en appendice de son traité d'orchestration, et par Richard Wagner, autre personnage fondamental dans l'histoire de la direction, dans son essai de 1869 *L'art de diriger.*

♦ La baguette
Nombreux sont ceux qui dirigent encore avec un archet de violon ou une feuille de musique enroulée, mais grâce à Weber, Spohr, Mendelssohn et Berlioz l'usage de la baguette se répand.

♦ Le chef d'orchestre se lève de sa chaise
Selon Berlioz, plus l'orchestre est grand et plus il faut élever le podium pour que le chef d'orchestre soit bien en vue.

La disposition de l'orchestre
Dans certains orchestres, comme celui de Meiningen, dirigé par Bülow de 1880 à 1885, l'habitude de faire jouer la formation orchestrale debout perdure.

♦ Naissance du mythe
Au cours de la deuxième moitié du XIXe siècle, même si des compositeurs comme Brahms, Bruckner, Dvoràk et Tchaïkovski se présentent en public comme interprètes de leurs musiques, le rôle professionnel du chef d'orchestre s'affirme. Un musicien qui peut *aussi* être compositeur mais qui se consacre à la direction des musiques des autres. En parallèle à cela et à la naissance du concept de "répertoire" musical dans plusieurs villes européennes, et même en Amérique, des orchestres stables se forment, dont plusieurs existent toujours, tels les Philarmoniques de Vienne, New York et Berlin. Les allemands Hans von Bülow - ci-dessus -, élève et gendre de Liszt, Hans Richter et Arthur Nikisch peuvent être considérés les fondateurs de la conception moderne de la direction d'orchestre.

Au-delà de la sonate

A part Berlioz les grands compositeurs romantiques sont d'excellents pianistes qui écrivent beaucoup pour cet instrument. Par rapport à la génération précédente, ils n'ont pas volontiers recours aux grandes formes comme la sonate qui est composée d'une structure articulée en thèmes musicaux exposés, par la suite développés et puis repris et modifiés. Ils privilégient des morceaux de dimensions plus contenues, aux formes plus simples où l'on peut inscrire ses propres sentiments presque comme des aphorismes (c'est le cas des *Romances sans paroles* de Mendelssohn et des nocturnes, des impromptus ou des mazurkas de Chopin) ; ou bien des morceaux plus vastes aux structures formelles plus libres et fantaisistes par rapport à la sonate, construits comme des panneaux formés d'une succession de petits morceaux (comme le fait souvent Schumann) de façon à pouvoir exprimer les contrastes intérieurs. Les *Ballades* de Chopin sont une exception importante.

Les danses populaires polonaises
Chopin découvre la musique paysanne et les chants populaires de son pays durant son adolescence, pendant ses vacances d'été à Szafarnia et à Kowalewo, en Kujawia.

♦ Loin de la sonate
En 1822 Beethoven signe sa trente-deuxième et ultime sonate pour piano. Cinq ans après, Mendelssohn, à peine âgé de dix-huit ans, abandonne pour toujours la sonate. Schumann en a vingt-six lorsqu'il termine la dernière de ses trois sonates. Le cas de Chopin est un peu différent car, après une sonate écrite à dix-huit ans, il revient vers ce genre avec deux travaux importants et originaux en 1839 et en 1844. Si Schumann et Chopin démontrent une forte intolérance par rapport aux canons formels traditionnels, Liszt les bouleverse radicalement en articulant son unique sonate - ci-dessus, une page -, écrite entre 1852 et 1853, en un seul mouvement d'une durée d'environ trente minutes qui résume en elle les contrastes typiques du premier temps et ceux d'une sonate classique entre un mouvement et l'autre.

♦ Les Ballades d'Adam Mickiewicz
Selon Schumann, les *Ballades* de Chopin seraient la version musicale de certaines poésies de Mickiewicz (1798-1855). Cela ne doit pas être entendu au sens littéral, mais comme une affinité d'atmosphère. Ci-dessus, une vue de Varsovie.

Les racines
La grande élasticité des valeurs rythmiques typique de la musique populaire polonaise est à l'origine du célèbre "rubato" de Chopin.

♦ **Les Ballades**
Considéré, pas tout à fait à raison, un poète des petites formes, lorsqu'il veut réaliser un travail de grande portée, Chopin a rarement recours aux formes classiques riches d'histoire et de tradition. Il préfère se servir de formes plus atypiques comme le scherzo et la polonaise, qu'il renouvelle complètement en augmentant démesurément leurs dimensions et leur poids spécifique, ou bien en créer de nouvelles, comme la ballade qui semble être une synthèse originale de certaines caractéristiques formelles du premier temps d'une sonate, du rondo et des variations. Composées entre 1831 et 1842, ses quatre *Ballades* n'ont aucune référence à la danse mais elles évoquent l'homonyme forme poétique, typique de la poésie romantique, souvent mise en musique, et ont en commun un ton à la fois narratif, épique et lyrique.

♦ **La mazurka**
Danse rapide, née en Mazowia, avec un rythme ternaire et une accentuation des temps faibles. Chopin compose 59 *Mazurkas*.

La polonaise
Danse modérée en rythme ternaire. Chopin en écrit 19 dont les dernières sont d'une intensité dramatique extraordinaire.

Les conservatoires

Après l'ère de Haydn, Mozart et Beethoven et sur la vague de la grande saison romantique, la musique allemande s'élève au rang de modèle universel dans le domaine instrumental et symphonique et les conservatoires allemands s'affirment comme point de référence, en particulier, pour l'étude de la composition et de la théorie musicale.
En Italie, là où est née la tradition et le terme même de conservatoire, les écoles de musique ne forment que des professionnels de l'opéra et des chanteurs. A peine meilleure est la situation en France, vu qu'au conservatoire de Paris les classes de composition sont confiées aux compositeurs d'opéra à la mode et les classes de piano, bien qu'excellentes, sont fermées aux étrangers. Franz Liszt l'apprendra à ses dépens. La Russie est un cas à part : le premier conservatoire naît en 1862 à Saint-Pétersbourg.

♦ **Le succès de Leipzig**
Après une tentative râtée à Berlin, grâce à l'aide du roi Frédéric Guillaume IV, Mendelssohn fonde un conservatoire à Leipzig - ci-dessus, une vue de la ville -. Inauguré en 1843, il compte un corps enseignant formé par Mendelssohn lui-même (piano et musique d'ensemble, et même composition), Schumann (piano et composition), Ferdinand David (violon), Moritz Hauptmann (harmonie et contrepoint), Carl Ferdinand Becker (orgue, théorie et histoire de la musique), Henriette Grabau-Bünau et Ferdinand Böhme (chant choral et solo), auquel s'ajoute en 1846 Moscheles pour les cours supérieurs de piano. Les 22 élèves du début doublent en trois mois, ils sont 60 à la fin de l'année et 205 en 1847. Vingt-sept ans après sa fondation, 1.500 élèves se sont succédés dans ses classes.

Une organisation exemplaire
Le projet de Mendelssohn prévoit l'obligation pour les élèves de tous les cours de fréquenter la classe de musique de chambre, l'institution d'examens réguliers, qu'ils soient obligatoires ou complémentaires, et l'organisation de concerts tenus par les étudiants.

♦ **Ferdinand David**
Né en 1810, premier violon du Gewandhaus et premier interprète du *Concerto* pour violon de Mendelssohn.

♦ **Cours séparés**
Dans les conservatoires allemands il n'y a pas de classes mixtes et les élèves hommes sont séparés des élèves femmes.

Le siège
Le Conservatoire de Leipzig est situé dans un édifice à deux étages, construit exprès par le conseil communal dans la cour du Gewandhaus.

Une école internationale
Convaincu de la primauté absolue de la musique allemande et de son rôle de guide qui lui revient vis-à-vis du monde, Mendelssohn ouvre les portes de son conservatoire aux élèves étrangers, qui rien que la première année sont sept sur soixante inscrits, 11% du total. Cette présence croît continuellement et atteint 54% en 1869, lorsque cinquante-six des cent-trois inscrits ne sont pas allemands. Des 1500 élèves entre 1843 et 1869, un tiers (503) est étranger et provient de toute l'Europe et même d'Amérique. La présence anglaise est massive (126) et Mendelssohn et Moscheles y sont très populaires, puis vient la Russie (85) et les Pays Scandinaves (48) : parmi eux le norvégien Edvard Grieg - ci-dessus -. La présence des États-Unis est impressionnante avec 100 élèves entre 1851 et 1869.

Joseph Joachim
Né en 1831, c'est un des plus grands violonistes du XIXe siècle. Ami de Brahms qui lui dédie son *Concerto*, il dirige le Conservatoire de Berlin dès 1868.

LES LEÇONS PRIVÉES

Le marché des leçons privées de piano est particulièrement florissant et tous les grands instrumentistes - Kalkrenner, Moscheles, Herz - sont recherchés en tant que professeurs. Peu après son arrivée à Paris, Chopin devient le professeur privé le plus à la mode et il donne jusqu'à huit ou neuf leçons par jour, ayant parmi ses élèves de nombreuses jeunes femmes de l'aristocratie et de la haute bourgeoisie, comme la princesse Marcellina Czartoriska et la baronne Charlotte de Rotschild. Le *boom* des leçons privées favorise la naissance d'un grand nombre de Méthodes pour étudier le piano ainsi que de curieux mais efficaces appareillages - comme le Chiroplaste de Logier, le guide-mains de Kalkrenner et le Dactylion de Herz - pour aider l'élève à adopter une bonne position lorsqu'il étudie.

UN PROFESSEUR RECHERCHÉ
Pour une leçon privée Chopin demande vingt francs (par la suite vingt-cinq) ; plus ou moins pareil que Kalkbrenner, qui était considéré comme le plus cher d'Europe.

♦ LE RÉPERTOIRE DIDACTIQUE
Chopin utilise les *Études* de Clementi, Cramer et Moscheles ainsi que le *Clavecin bien tempéré* de Bach.

♦ LEÇONS A DEUX PIANOS
Durant les leçons Chopin joue parfois plus que ses élèves en utilisant pour ses exemples un Pleyel vertical.

♦ **Georges Mathias**
Professeur au Conservatoire de Paris, considéré le dépositaire des secrets pianistiques de Chopin.

♦ **Carl Filtsch**
Destiné à devenir un nouveau Liszt, le jeune hongrois meurt à à peine quinze ans en 1845, alors qu'il est déjà célèbre en Europe.

♦ **Carl Czerny, études pour tous**
Élève de Beethoven à Vienne et maître de Liszt, Czerny (1791-1857) est plus remémoré comme professeur et auteur d'une centaine d'études et d'exercices de grande valeur que comme compositeur.

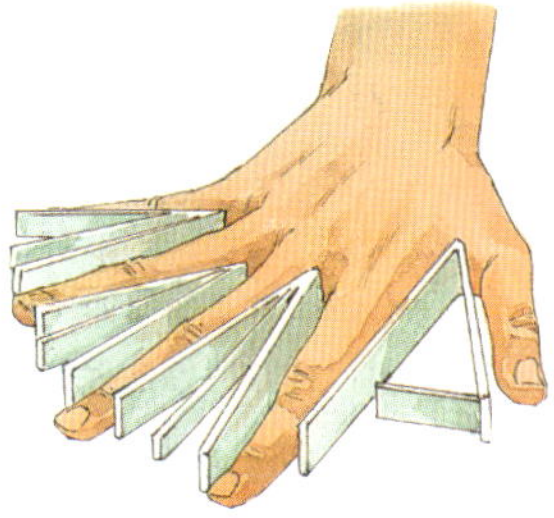

♦ **Méthodes et appareils**
Outre une vaste littérature didactique faite d'exercices progressifs et d'études, de nombreux pianistes créent des méthodes pour étudier le piano dans lesquelles ils résument leurs idées sur la position des mains, l'organisation de l'étude, la technique instrumentale, le style : après celles de Dussek, Clementi et Adam, apparaissent les contributions de Cramer (1815), Hummel (1828), Kalkrenner (1830), Fétis et Moscheles (1837, avec le titre éloquent de *Méthode des Méthodes*), Czerny (1839). Même Chopin en projétte une, restée au stade d'ébauche. A propos de machines didactiques, le cas de Schumann qui, en 1832, en utilisant un appareil pour renforcer son quatrième doigt, le plus faible de nature, se procure une infirmité qui bloquera sa carrière, est tragique.

9. La vie de Chopin ♦ *Le 21 février 1842 Chopin joue de nouveau à la Salle Pleyel, en répétant son grand succès de l'année précédente. Ce jour-même, à Varsovie, son premier professeur Wojciech Zywny meurt. Le 20 avril son ami et hôte à Paris, Jan Matuszynski, meurt de phtisie. Les premiers mois de 1843 sa santé s'empire ; après un été serein passé à Nohant, au début de 1844 les choses s'empirent de nouveau et fin mai il est durement touché par la nouvelle de la mort de son père Nicolas. En juillet il reçoit la visite de sa sœur Ludwika, qu'il ne voit pas depuis quatorze ans.*

LE MYTHE DE BEETHOVEN

Parmi les nombreuses contradictions du Romantisme il y a aussi celle du rapport avec Beethoven. Apparaît une image romantique de Beethoven qui voit en lui l'initiateur de l'"école romantique de la musique" : Schumann, dans un texte de 1836, définit les compositeurs progressistes de son temps des "beethovéniens", les situant "à gauche" d'une formation politique idéale de par leur tempérament de "jeunes, contempteurs de la forme, audacieux amateurs de la génialité". D'autre part, c'est justement l'adhésion constante de Beethoven à des modèles formels précis (tout en adoptant une richesse géniale de solutions) qui l'éloigne des romantiques, tandis que la valeur paradigmatique de sa production bloque la production romantique, en particulier dans le domaine de la symphonie et de la sonate pour piano.

♦ Trois jours de fête
On commence le matin du 11 août avec la *Missa solemnis* et la *Neuvième symphonie* de Beethoven dirigées par Ludwig Spohr - ci-dessus - ; puis on prend le bateau "Ludwig van Beethoven" pour l'île de Nonnenwerth, où a lieu le banquet. Le matin suivant, Liszt dirige la *Messe en do majeur* dans la cathédrale de Bonn, puis, après avoir découvert le monument, il dirige la *Cinquième Symphonie* et le final de *Fidelio.* Il joue aussi le *Cinquième Concerto* sous la direction de Spohr dans la Festhalle, le pavillon qui peut accueillir trois mille spectateurs, construit à cette occasion à ses frais. Le matin du 13 août Liszt dirige la *Cantate pour l'inauguration du monument à Beethoven à Bonn*, sa première composition symphonico-chorale : un grand banquet en plein air, frappé par un violent orage, écourte la fête.

L'Europe s'agenouille devant Beethoven
Bonn, 12 août 1845 : un monument en l'honneur de Beethoven est inauguré, à l'occasion du 175e anniversaire de sa naissance. Une grande partie des fonds a été recueillie grâce à Liszt.

♦ Parmi le public
La pianiste Camille Moke-Pleyel, la danseuse Lola Montez, et Anton Schindler, le secrétaire de Beethoven.

♦ Roi et reines
Plusieurs têtes couronnées sont présentes à la fête, dont le roi de Prusse Frédéric Guillaume IV avec son épouse et la reine Victoria d'Angleterre avec le prince Albert. Parmi les musiciens sont présents, Berlioz, Meyerbeer et Moscheles.

♦ **Un Album pour Beethoven**
En 1841 l'éditeur viennois Mechetti organise la publication d'un album composé de dix compositions de divers auteurs, dont le *Prélude* op. 45 de Chopin et les *Variations sérieuses* de Mendelssohn, et il offre la somme gagnée pour la construction du monument à Beethoven.

♦ **La statue**
Œuvre du sculpteur Ernst-Julius Hähnel, elle coûte 50.000 francs. Liszt contribue en donnant 10.000 francs.

♦ **La "Dixième"**
Le malaise envers la symphonie de Beethoven est mis en évidence par l'histoire de Johannes Brahms. En refusant la mode de la musique à programme et le poème symphonique, il commence sa *Première Symphonie* en 1862, mais ne la termine qu'en 1876, âgé de quarante-trois ans et avec à son actif une série de chefs-d'œuvre pour piano et pour chambre ainsi que le noviciat d'autres travaux orchestraux. Plus de vingt-cinq ans ont passé depuis la dernière symphonie de Schumann et en Allemagne, fier berceau de la symphonie, il y a une grande attente : Eduard Hanslick, le plus grand critique viennois, compare la *Première* aux grandes symphonies de Beethoven, Hans von Bülow la définit la "Dixième de Beethoven", non pour indiquer une banale et anachronique imitation mais un lien idéal avec la sévére tradition formelle.

LA DÉCOUVERTE DU TIMBRE

Une des grandes nouveautés de la musique romantique est l'attention apportée au son, c'est-à-dire aux ressources expressives inhérentes à la voix de chaque instrument (le timbre) et aux combinaisons possibles. Dans la musique symphonique ceci a été réalisé avec un enrichissement de la "palette orchestrale" obtenu soit en utilisant de façon nouvelle les instruments traditionnels comme la clarinette et le cor, soit en introduisant dans l'orchestre des instruments utilisés dans l'opéra comme la harpe et le cor anglais et en développant aussi proportionnellement les sections des percussions et des cordes. Dans la musique de piano la grande évolution des instruments a permis d'exploiter de façon plus raffinée les nuances de timbre et les volumes sonores.

ROMÉO ET JULIETTE
Dans cette "symphonie dramatique" de 1839, dédiée à Paganini, Berlioz développe l'évolution de l'orchestre qui avait déjà commencé dans la *Fantastique* et dans *Harold en Italie*.

♦ **LES COULEURS DE L'ORCHESTRE**
Dans *Roméo et Juliette* Berlioz redouble la harpe et le triangle, utilisés pour leur timbre particulier, et les tympans.

♦ **LA PARTITION**
Après avoir entendu *Roméo et Juliette*, Théophile Gautier écrit : "Berlioz a donné une âme à tous les instruments".

♦ **INSTRUMENTS HUMAINS**
L'évocation de Juliette est surtout confiée au hautbois, celle de Roméo aux cordes et surtout au violoncelle.

♦ **CYMBALES, TAMBOURS**
Outre la grande caisse et les tambours basques, Berlioz prévoit dans *Roméo et Juliette* des cymbales de diverses tailles.

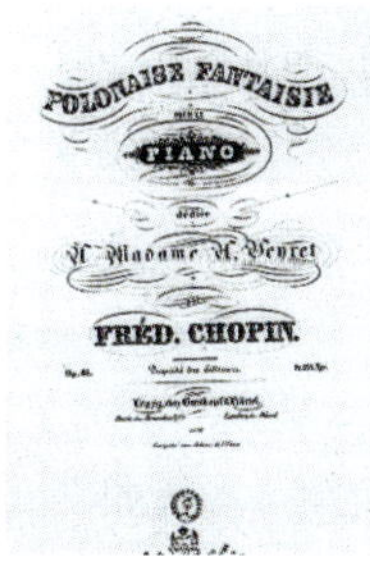

♦ Un son nouveau Comme pianiste Chopin impressionne ses contemporains de par sa façon de jouer : si pour le critique Fétis sa capacité de “varier à l’infini les diverses nuances de force, de douceur et d’accent” est “stupéfiante”, dans son nécrologe sur la “Revue et Gazette Musicale de Paris” on lit : “Encore un peu plus et il se serait évanoui dans l’impalpable et l’imperceptible”. Cette grande attention au son se retrouve, naturellement, même chez le Chopin compositeur, surtout les dernières années : dans des pages comme la *Berceuse* op. 57, la *Barcarolle* op. 60, la *Polonaise-Fantaisie* op. 61 et les *Nocturnes* op. 62 (écrits entres 1843 et 1846) la séparation nette entre mélodie et harmonie s’évanouit et donne vie à un nouveau son, souvent fait de “tâches” de couleur qui ouvre la voie aux futures atmosphères impressionnistes.

10. La vie de Chopin ♦ *Chopin passe ses étés à Nohant, mais sa relation avec George Sand commence à se gâter. En novembre 1846 il rentre à Paris pour reprendre ses leçons, surtout celles qu’il donne à l’écossaise Jane Stirling, et pour être témoin au mariage de son ami Bodhan Zaleski, des vers duquel il s’est parfois inspiré ; George Sand reste à Nohant, où elle a décidé de passer l’hiver. En juillet 1847, après une période de tensions et d’incompréhensions, sa relation avec l’écrivain cesse définitivement. La santé de Chopin s’empire de plus en plus.* ➳

LE POÈME SYMPHONIQUE

En s'inspirant de certaines expériences précédentes de musique à programme, comme les ouvertures de Beethoven et de Mendelssohn nées en fonction d'un drame théâtral et les travaux de Berlioz inspirés à un programme littéraire (*Symphonie fantastique, Harold en Italie*), vers la moitié du siècle Liszt donne naissance à un genre de musique orchestrale destiné à avoir beaucoup de succès : le poème symphonique. Il se détache de la tradition de la symphonie car il est généralement articulé en un seul mouvement au lieu de quatre et car il a comme point de départ une idée de caractère extra-musical (littéraire, picturale, naturaliste, historique), alors que la symphonie, avec quelques rares exceptions de poids telles que la "*Pastorale*" de Beethoven, avait depuis toujours représenté une des plus hautes manifestations de "musique absolue".

♦ **LA FORME CYCLIQUE**
En général les poèmes symphoniques sont en un mouvement, où s'alternent des sections en temps différents dans lesquelles reviennent un ou plusieurs thèmes du début. Ce morceau abrite les caractéristiques constrastantes des mouvements d'une symphonie ou d'une sonate ainsi que celles des trois parties (exposition, développement, reprise) qui forment le premier temps d'une composition en forme-sonate. Cette structure, dite "forme cyclique", n'est pas exclusive du poème symphonique et est utilisée dans d'autres compositions, comme la *Sonate en si mineur* pour piano de Liszt ; la *Quatrième Symphonie* de Schumann se base aussi sur un matériel thématique récurrent dans les quatre mouvements, initialement conçus sans solution de continuité - ci-dessus, une page de la partition -.

♦ **ARTISTES ET HÉROS**
La chute et le réveil du héros sont une métaphore de l'existence du génie pour Liszt.

♦ **LORD GEORGE BYRON, HÉROS ROMANTIQUE**
Né à Londres en 1788, beau et noble, sa vie aventureuse incarne les héros de sa fantaisie. Il meurt en Grèce à trente-six ans, alors qu'il y organisait l'insurrection.

♦ **POÈMES DE LISZT**
Entre 1848 et 1882 Liszt a écrit treize poèmes symphoniques en s'inspirant, entre autre, de Shakespeare, Hugo et Goethe.

1851: Liszt compose Mazeppa
Ivan Mazeppa, noble polonais du XVIIe siècle, condamné pour avoir séduit la femme d'un comte, est lié derrière un cheval lancé au galop dans la plaine ukranienne. Secouru par des cosaques, il devient leur chef.

♦ La chevauchée de Mazeppa
Tirée de Byron et de Hugo, elle a inspiré Liszt pour créer une Étude de piano, écrite avant le poème symphonique.

♦ Après Liszt
Dans la deuxième moitié du XIXe siècle, la caractéristique du poème symphonique qui est d'être basé sur une idée extra-musicale en a fait un des genres les plus appréciés, avec l'opéra, des auteurs des "écoles nationales", qui ont donné vie à des partitions inspirées aux pages de la littérature nationale, aux légendes et aux lieux des pays respectifs. Le cas de *Ma patrie*, le cycle de sept poèmes symphoniques composés entre 1874 et 1879 par le bohème Bedrich Smetana, dont le plus célèbre, *La Moldave*, décrit le cours du fleuve qui traverse Prague est paradigmatique. Mais les chefs-d'œuvre absolus de ce genre naissent en dehors de ce contexte national avec l'allemand Richard Strauss (1864-1949) - ci-dessus, son portrait - auteur de pages telles que *Don Juan* (1889) dont la virtuosité orchestrale est sans précédent.

LE SUCCÈS DE CHOPIN

Chopin n'a pas d'héritiers, ni comme pianiste, car malgré ses nombreux élèves il ne crée pas d'école, ni comme compositeur car il n'a que des imitateurs et des épigones. De par les contenus de sa production et de par les traits saillants de sa biographie - l'exil de sa patrie opprimée, une vie minée par la phtisie et sa mort alors qu'il est encore jeune - font qu'à sa disparition il est déjà considéré le compositeur romantique par excellence. Dans la deuxième moitié du XIXe siècle cette image se déforme de plus en plus, tandis qu'un bataillon de demoiselles se pâme dans ses Nocturnes et même les grands concertistes exécutent sa musique de façon affectée. Ce n'est que durant notre siècle que nous assistons à une inversion de tendance des interprètes et de la critique, au point de reconnaître l'influence de ses ultimes chefs-d'œuvre sur la musique du XXe siècle français.

♦ **Les critiques des philistins**
Les critiques faites à Chopin - ci-dessus, le dagherrotype de 1849 - sont trois : la nature maladive de sa musique, son incapacité à maîtriser les grandes formes et sa carence de compositions pour orchestre. La première, sans fondement, a pour origine la superposition entre vie et art à laquelle se rattachaient ses contemporains quand ils ne comprenaient pas sa musique. La seconde, dont un des plus grands défenseurs fut le français Vincent d'Indy, le rapproche d'autres romantiques et naît d'une interprétation équivoque de choix formels originaux comme s'il s'agissait d'erreurs vis-à-vis de la leçon viennoise. La troisième, peut-être la plus longue à mourir, devrait être renversée si l'on considère que, bien que n'utilisant l'orchestre que jusqu'à vingt ans, il a eu le temps de créer de petites inventions timbriques de génie.

Un enterrement solemnel
30 octobre 1849, église de La Madeleine : le tout Paris, sauf George Sand, prend part à l'enterrement de Chopin, durant lequel est exécuté le *Requiem* de Mozart.

♦ **Luigi Lablache**
Né à Naples, c'est la plus grande voix de basse d'alors. Il a chanté à l'enterrement de Beethoven et il est le beau-père de Thalberg.

♦ **Le cortège funèbre**
Meyerbeer, le prince Czartoryski, Delacroix, Gutmann et Franchomme en font partie.

Sa tombe
Chopin est enterré au Père Lachaise, mais son cœur est mûré dans un pilier de l'église de Sainte-Croix à Varsovie.

♦ Jane Stirling Fidèle élève de Chopin, cette riche demoiselle écossaise l'aide économiquement durant les derniers mois et elle se charge des frais de l'enterrement.

♦ Une foule immense Plus de trois mille personnes ont une invitation pour entrer dans l'église ; quant aux autres, qui sont très nombreux, ils restent dehors.

♦ Pauline Viardot-Garcia Célèbrissime chanteuse, élève et amie de Chopin, chante dans le *Requiem* de Mozart avec Lablache.

♦ Jouer Chopin De Liszt à nos jours, la musique de Chopin a toujours été présente dans le répertoire des pianistes : parler des grands interprètes de Chopin veut donc dire parler de l'histoire du piano. Trois interprètes que le grand public a lié au nom de Chopin sont le polonais Ignacy Paderewski (1860-1941), le français Alfred Cortot (1877-1962) et le polonais Artur Rubinstein (1886-1982). Le russe Sergei Rachmaninov (1873-1943, ci-dessus) a été un des premiers à élaguer la musique de Chopin de tout sentimentalisme et à en cueillir les aspects les plus nobles et les plus tragiques. Depuis 1927 il y a un concours dédié à Chopin à Varsovie, qui a été gagné par certains des plus grands interprètes de Chopin aujourd'hui : l'italien Maurizio Pollini (né en 1942), l'argentine Martha Argerich (1941) et le polonais Krystian Zimerman (1956).

11. La vie de Chopin ♦ *Le 16 février 1848, Chopin joue à la Salle Pleyel : environ six cents personnes ne peuvent avoir de billet. La révolution rend impossible ses leçons et donc tout gain. En avril il va en Angleterre, où il donne neuf concerts en sept mois, autant qu'à Paris en dix ans. En novembre, il rentre à Paris dans des conditions désespérées. En Avril 1849 "il se traîne" (comme l'écrit Delacroix) à la première de* Le Prophète *de Meyerbeer. En août sa sœur Ludwika le rejoint et le mois suivant il déménage dans l'appartement de place Vendôme, où il meurt le 17 octobre.* ➳

LA MUSIQUE ROMANTIQUE

Le Romantisme peut vraiment être défini comme l'époque du piano. Tandis que des centaines de milliers de pianos de n'importe quelle forme entrent dans les salons des maisons occidentales, dans les salles de concert s'affirme une génération de virtuoses funambulesques du clavier. Grâce à Liszt, Moscheles et Mendelssohn la façon de concevoir un concert de piano change radicalement : apparaît le concept de répertoire musical confié à un pianiste-interprète qui incarne parfaitement la conception romantique du musicien en tant qu'"artiste", c'est-à-dire un individu inspiré capable de recréer l'œuvre d'art au moment où il l'exécute. Mais dans les mains d'un pianiste-compositeur, un poète des sons comme Schumann ou Chopin, le piano devient une voix capable d'exprimer même les plus petits élans de l'âme. Grâce à des instruments de plus en plus perfectionnés, la conception du nouveau son romantique se développe. Même l'orchestre, surtout grâce à Weber et Berlioz, change de voix et les romantiques cherchent de nouvelles formes pour la symphonie en créant le poème symphonique. Mais le Romantisme est l'époque des contradictions, et dans la production des grands compositeurs on relève de forts déséquilibres : tandis que Mendelssohn et Schumann, plus liés à la tradition germanique, s'essayent dans presque tous les genres, Chopin n'écrit que pour le piano, ignorant complètement la symphonie et l'opéra, et Berlioz, véritable magicien de l'orchestre, ne sait même pas jouer de piano.

LA MUSIQUE POUR PIANO

Cas presque unique dans l'histoire de la musique, Chopin compose exclusivement pour le piano tout au long de sa brève existence. Pendant longtemps considéré par plusieurs critiques inadapté aux grandes formes, en réalité Chopin donne vie à des pages qui unissent des nouveautés formelles, une vigueur extraordinaire et une sensibilité poétique comme dans les quatre *Ballades* (op. 23, op. 38, op. 47, op. 52), les quatre *Scherzo* (op. 20, op. 31, op. 39, op. 54) et la *Fantaisie en Fa mineur* op. 49 de 1841. Quant au *24 Préludes* op. 28 il s'agit bien de miniatures qui ne durent parfois que quelques secondes, mais qui sont construites et ordonnées selon un sens architectural des vingt-quatre tonalités de l'échelle tempérée. La même cohérence interne, en plus des très hautes qualités artistiques et techniques, soutient les deux séries d'*Études* op. 10 et op. 25. Les 17 *Polonaises* sont liées aux musiques de sa patrie et l'on y trouve des pages aux tons héroïques et passionnés comme dans la très célèbre *Polonaise en La bémol majeur* op. 53 de 1842 et dans les créations génialement innovatives au niveau formel et du timbre comme la *Polonaise-Fantaisie* en La bémol majeur op. 61 de 1846 - sans compter la cinquantaine de *Mazurkas* qui occupent une place spéciale dans sa production : d'une certaine façon elles sont le véritable journal intime de son existence, mais elles ne jouissent pas de la même popularité que des pages plus captivantes telles que les *Valses*, les quatre *Impromptus* ou les vingt-et-un *Nocturnes*. Les travaux des dernières années sont particulièrement fascinants de par leur timbre raffiné et parmi ceux-ci on compte certains morceaux isolés tels que le *Prélude en Do dièse mineur* op. 45, la *Berceuse en Ré bémol majeur* op. 57 et la *Barcarolle en Fa dièse majeur* op. 60. Dans le domaine de la Sonate, après celle en Do mineur op. 4 composée à dix-huit ans, Chopin ne signe que deux pages, mais très importantes : la *Sonate n. 2 en Si bémol mineur* op. 35 de 1839, construite autour d'une bouleversante *Marche funèbre* où Schumann trouve déjà "quelque chose de répulsif", et la *Sonate n. 3 en Si mineur* op. 58 de 1844.

Le parcours de Schumann, l'autre grand poète du piano, est différent. La majeure partie de ses chefs-d'œuvre pianistiques naît durant la décennie 1829-39, entièrement dédiés au piano et constellés de pages extraordinaires pleines de renvois thématiques et de références continues au monde réel et littéraire du compositeur : le cas des *Davidsbündlertänze* (Les compagnons de David) op. 6 qui ne sont pas signées est paradigmatique, mais elles portent l'appellation de "Pièces caractéristiques composées par Florestan et Eusebius". La forme que Schumann préfère est celle du cycle des "pièces caractéristiques" - *Davidsbündlertänze* op. 6, *Phantasiestücke (Pièces fantastiques)* op. 12, *Kinderszenen (Scènes pour enfants)* op. 15 - ou du polyptique formé de divers panneaux - *Papillons* op. 2, *Carnaval* op. 9, *Kreisleriana* op. 16. La confrontation avec les grandes formes qui se réalise dans des pages comme celles de la *Sonate n. 1 en Fa dièse mineur* op. 11, le *Concerto sans orchestre en Fa mineur* op. 14 (réélaboré ensuite en *Sonate n. 3*), la *Fantaisie en Do majeur* op. 17, la *Sonate n. 2 en Sol mineur* op. 22. Citons aussi les *Études d'après les Caprices de Paganini* op. 3 et op. 10 et les *Études symphoniques* op. 13. Parmi les compositions nées après 1840, les 43 morceaux de l'*Album für die Jugend (Album pour les jeunes)* op. 68, les 9 *Waldszenen (Scènes des bois)* op. 82, 1848-49, et les 5 très beaux *Gesänge der Frühe (Chants du matin)* op. 133 qui terminent sa production pianistique en 1853.

Même en limitant le regard aux années autour de 1850, la production pianistique de Liszt reste démesurée et de niveau inégal. Les divers recueils d'*Études* sont cependant d'une importance fondamentale, ainsi que les deux recueils des *Années de Pèlerinage*, sorte de journal intime musical romantique qui contient les suggestions qui lui sont suscitées par la nature et par les œuvres d'art au cours de ses voyages et la *Sonate en Si mineur* (1852-53), son unique et précieuse contribution à ce genre. Rappelons aussi les *Harmonies poétiques et religieuses* (1845-52) dans lesquelles s'unissent les deux principaux aspects de sa personnalité ainsi que les 15 premières *Rhapsodies hongroises* (1851-53), évocation stylisée de style virtuose des plus importantes atmosphères musicales. Un chapitre à part dans sa production, important que ce soit d'un point de vue artistique ou pour leur précieux rôle divulgateur, est celui des arrangements et des transcriptions : au-delà d'un nombre infini de très belles paraphrases et fantaisies tirées d'opéras lyriques, rappelons les arrangements pour piano de *Lieder* de Schubert et de Schumann, les transcriptions de musiques pour orgue de Bach et celles des grands travaux symphoniques telles que les *Neuf Symphonies* de Beethoven et la *Fantastique* de Berlioz.

Le plus grand mérite de Mendelssohn est d'avoir donné vie, avec la création du genre des *Lied ohne Worte (Romance sans paroles)*, dont nous trouvons 48 morceaux divisés en 8 fascicules, à une des plus hautes expressions de la musique de salon. Ses autres compositions dignes d'intérêt sont le scintillant *Rondo capricieux* op. 14 de 1830, la *Fantaisie* en Fa dièse mineur op. 28 dite "Sonate écossaise" de 1833 et les *Variations sérieuses en Ré mineur* op. 54 de 1841. Même si elle est aujourd'hui sous-estimée la production de Weber a joué un rôle important dans l'évolution du son pianistique romantique, surtout dans des pages telles que la *Sonate n. 2 en La bémol majeur* op. 39 (1816), l'*Auffordeung zum Tanz (Invitation à la danse*, 1819) op. 65 et la *Sonate n. 4 en Mi mineur* op. 70 (1822).

LA MUSIQUE DE CHAMBRE

Weber ne laisse pas de contributions importantes dans la musique de chambre et Berlioz et Liszt l'ignorent totalement. De Chopin il nous reste quatre travaux (tous avec piano), deux nés à Varsovie et deux écrits à Paris pour son ami Franchomme, parmi lesquels se distingue la *Sonate en Sol mineur* pour piano et violoncelle op. 65, de 1846.

Après son superbe *Octuor en Mi bémol majeur* pour cordes op. 20, écrit à seize ans, Mendelssohn écrit une douzaine de compositions parmi lesquelles se distinguent les *Trois Quatuors* op. 44 (1837-38) et le *Trio en Ré mineur* pour piano et cordes op. 49 (1839). La production de Schumann n'est elle non plus pas très vaste, mais elle compte diverses pages importantes - les *Trois Quatuors* op. 41, de 1842, les *Trois Trios* op. pour piano et cordes (op. 63 et op. 80 de 1847 et op. 110 de 1851) et les *Deux Sonates* pour violon et piano de 1851 - et au moins deux chefs-d'œuvre : le *Quintette en Mi bémol majeur* pour piano et cordes op. 44 et le *Quatuor en Mi bémol majeur* pour piano et cordes op. 47, tous deux de 1842.

Les Lieder et les mélodies vocales

Tout aussi bien cultivé par Weber que par Mendelssohn, le plus grand représentant du *Lied* est Schumann. La majeure partie de ses *Lieder* naît en 1840, l'année de son mariage avec Clara, et elle est dédiée à l'amour. Parmi la cent-vingtaine de *Lieder* écrits cette année-là, distribués dans une vingtaine de cycles, rappelons les 9 *Lieder* op. 24 d'après des textes de Heine, les 12 *Lieder* op. 39 d'après des textes d'Eichendorff, et les deux cycles qui représentent peut-être le sommet du *Lied* romantique : *Frauenliebe und Leben (Amour et vie de femme)* op. 42 d'après des textes de Chamisso et *Dichterliebe (Amours du poète)* op. 48 d'après des textes de Heine.
Liszt compose, surtout durant la deuxième moitié du siècle, une cinquantaine de *Lieder* allemands (et d'autres d'après des textes français, italiens, hongrois et anglais) sous-estimés à tort, de même que l'on écoute rarement les *17 Chants polonais* de Chopin, composés entre 1827 et 1847 et publiés posthumes en 1855. Même Berlioz compose de nombreuses mélodies, parmi lesquelles se distingue *Les nuits d'été* op. 7, une série de 6 œuvres lyriques d'après des textes de Théophile Gautier composée en 1840-41.

Les Symphonies

Malgré l'impulsion que Weber a donné à l'orchestre romantique, ses deux *Symphonies*, de 1807, ne sont pas des travaux importants. Mendelssohn compose cinq *Symphonies* pour grand orchestre, Schumann quatre, mais il existe une divergence entre leur numérotage, lié à la publication et celui qui est lié à la composition. Après la *Symphonie n. 1 en Do mineur* op. 11, de 1824, la seconde *Symphonie* terminée par Mendelssohn est celle que nous appelons *Symphonie n. 5 en Ré mineur* op. 107, dite "*Réforme*", composée en 1830 pour le tricentenaire de la Confession d'Auguste. Mendelssohn ne l'aimait pas et elle n'est publiée qu'en 1868. Des deux *Symphonies* conçues en 1829-31, celle en La majeur "Italienne", de 1833, doit son titre de *Symphonie n. 4* op. 90 à sa publication en 1851, tandis que celle en La mineur, "Écossaise", est publiée en 1842 comme *Symphonie n. 3* op. 56. Parmi celles-ci est située la *Symphonie n. 2 en Si bémol majeur* op. 52 "Lobgesang" (Chant de louange), de 1840, conçue en forme de cantate avec voix solistes et chœur.
Quant à Schumann, en 1841 il termine la *Symphonie n. 1 en Si bémol majeur* op. 38 et une seconde *Symphonie en Ré mineur* qui est cependant retirée après sa première exécution. Celles que nous appelons aujourd'hui *Symphonie n. 2 en Do majeur* op. 61, de 1846, et *Symphonie n. 3 en Mi bémol majeur* op. 97 dite Rhénane, de 1850, sont en réalité nées comme troisième et quatrième symphonies. La *Symphonie n. 4 en Ré mineur* op. 120, de 1851, est la version remise à jour de la *Symphonie* retirée en 1841.
En dehors de l'Allemagne, la contribution la plus innovative est celle de Berlioz avec la *Symphonie fantastique* op. 14 de 1830, basée sur un programme presque théâtral. Ses essais suivants l'éloignent de plus en plus de la forme traditionnelle : *Harold en Italie* op. 16, "avec viole soliste" de 1834 inspirée à Byron, est en réalité un compromis entre une symphonie, un poème symphonique et une symphonie concertante ; *Roméo et Juliette* op. 17, "symphonie dramatique" pour chœur et orchestre de 1839 se tourne vers l'opéra. Même les deux *Symphonies* de Liszt, la *Symphonie Faust* et la *Symphonie Dante* (1854-56), sont basées sur un programme et englobent les voix et le chœur.

Les Concerts

Les musiques pour piano et orchestre de Chopin, cas unique pour lequel le musicien polonais a recours à l'orchestre, remontent aux années 1827-30 : avant de quitter Varsovie, le jeune pianiste-compositeur ressent le besoin de se créer un répertoire pour ses exibitions. Précédés des *Variations sur le thème "Là ci darem la mano" de Mozart* op. 2, par la *Grande Fantaisie d'après des airs nationaux polonais* op. 13 et par le *Krakowiack* op. 14, naissent le *Concerto en Fa mineur*, composé en 1829-30 et publié en 1836 comme n. 2 op. 21, et le *Concerto en Mi mineur* publié comme n. 1 op. 11 en 1833 bien qu'il ait été écrit en deuxième en 1830. Après la *Grande Polonaise brillante* op. 22 de 1830, Chopin abandonne l'orchestre.
Weber contribue à l'évolution du genre, pas tant avec ses deux *Concertos* (1810-12) liés à l'esthétique *Bidermeier*, mais surtout avec certains éléments du *Konzertstück (Pièce de concert)* en Fa mineur op. 79, de 1821 : l'utilisation de la virtuosité dans un but dramatique, la structure en un seul temps articulée en sections de mouvement différent et la référence à un programme (l'histoire d'un croisé qui revient de Terre sainte) même si ce dernier est éliminé par Weber lui-même.
De moindre importance, même si de facture précieuse, les contributions de Mendelssohn - le *Concerto n. 1 en Sol mineur* op. 25 de 1831 et le *Concerto n. 2 en Ré mineur* op. 40 en 1837 - compensé par la perle qu'est le *Concerto en Mi mineur* pour violon et orchestre op. 64, chef-d'œuvre dans le genre du Concerto romantique : fruit d'une longue élaboration, exécuté pour la première fois par David en 1845, son équivalent pianistique est le *Concerto en La mineur* op. 54 de Schumann, admirable travail de par son contenu poétique très élevé et sa belle fusion entre pianiste et orchestre. Les deux autres splendides *Concertos* de Schumann ont eu moins de chance : le *Concerto en La mineur* pour violoncelle op. 129, composé en 1850 mais exécuté seulement quatre ans après sa mort et le *Concerto en Ré mineur* pour violon, composé par Joachim en 1853 mais exécuté pour la première fois en 1937.
Les pages pour piano et orchestre de Liszt apparaissent toutes dans la deuxième moitié du siècle : la version définitive du *Concerto n. 1 en Mi bémol majeur*, commencé en 1830, est exécutée en 1855 ; la première rédaction du *Concerto n. 2 en La majeur*, publié en 1863, est de 1839. Dans les deux *Concertos* Liszt essaie la forme cyclique et unit avec bonheur le piano et l'équipe orchestrale. Rappelons aussi *Totentanz (Danse des morts)*, diabolique paraphrase d'après le thème grégorien du *Dies irae*, conçu en 1838 et exécutée pour la première fois en 1865.

Les Ouvertures et les Poèmes symphoniques

Outre le chef-d'œuvre écrit pour le *Songe d'une nuit d'été*, Mendelssohn compose d'autres *Ouvertures*, dont *Meeresstille und glückliche Fahrt (Calme de mer et voyage heureux)* op. 27, de 1828, inspirée à deux poésies de Goethe, et *Die Hebriden* op. 26, de 1830-33, née à la suite d'une visite dans les îles nordiques, qui de par leur vive évocation de la nature préfigurent le poème symphonique. Les Ouvertures de Berlioz sont du même genre et parmi elles le *Carnaval romain* op. 9, *Le Corsaire* op. 21, de 1844, et les trois composées par Schumann en 1850-51.
Liszt est le créateur du poème symphonique et, entre 1848 et 1858 il en termine 12, dont *Tasso, Lamento e Trionfo*, conçu comme Ouverture du *Torquato Tasso* de Goethe et inspiré aussi au poème de Byron. *Les Préludes*, nés sur des vers du poète Autran, mais par la suite référé à une méditation de Lamartine, *Mazeppa*, de Hugo, *Héroïde funèbre*, marche funèbre composée sous l'émotion des mouvements révolutionnaires de 1848-49, *Hungaria*, hommage à sa terre, *Hamlet*, de Shakespeare.

Autres compositions pour orchestre

Le genre des musiques de scène compte ses plus grands chefs-d'œuvre dans les musiques pour le *Songe d'une nuit d'été* op. 61 écrites par Mendelssohn en 1843 en plus de l'Ouverture, et dans deux œuvres de Schumann : les *Szenen aus Goethes Faust (Scènes du Faust de Goethe)*, 1843-53, et les musiques pour *Manfred* de Byron (1848-51).
Entre symphonie et musiques de scène, mais avec une tendance au théâtre il y a la *Damnation de Faust* op. 24 de Berlioz, de 1846. Dans la musique sacrée Berlioz a laissé des travaux importants qui réunissent des masses d'exécutants, comme la *Grande messe des morts (Requiem)* op. 5 (1837) et le *Te Deum* op. 22 (1849). Dans l'oratorio sacré se distinguent *Paulus* (1836) et *Elia* (1846) de Mendelssohn et la *Légende de Sainte Élisabeth* de Liszt (1862), tandis que dans le domaine profane rappelons la ballade de Mendelssohn *Die erste Walpurgisnacht (La première nuit de Valpurga)* op. 60 d'après un texte de Goethe et les travaux très poétiques de Schumann *Das Paradies und die Peri (Le Paradis et la Peri)* op. 50 de 1843 et le *Requiem für Mignon (Requiem pour Mignon)* op. 98b d'après un texte de Goethe, de 1849.

L'opéra

Dans l'opéra allemand, les nouveautés introduites par Weber dans *Der Freischütz (Le franc-chasseur)*, sont amplifiées dans *Euryanthe* (Vienne, 1823), qui marque un ultérieur pas dans l'utilisation de thèmes récurrents pour caractériser les personnages et les situations, ainsi que dans l'évolution vers un modèle d'opéra sans numéros fermés (airs, récitatifs, duos...) qui sera typique chez Wagner, et dans *Obéron* (Londres, 1826), aux teintes orchestrales raffinées. Des quatre grands romantiques, Schumann est le seul qui se mesure à l'opéra en âge mûr avec *Genoveva*, représentée en 1850, alors que sur la scène allemande Wagner s'est déjà affirmé. Meyerbeer a fait fortune avec ses grands-opéras *Robert le Diable* (1831), les *Huguenots* (1836), le *Prophète* (1849) et l'*Africaine* (1865) ; Berlioz contribue aussi à ce genre avec *Benvenuto Cellini* (1838) et les *Troyens* représenté en 1863, qui tout en étant discontinu, offre des pages extraordinaires.
Pour ce qui est des italiens, très créatifs mais très éloignés d'un point de vue culturel et stylistique des ferments du grand mouvement romantique, trois d'entre eux finissent leur activité à Paris : Rossini sort de scène en 1829 avec *Guillaume Tell*, Bellini meurt très jeune en 1835, juste quelques mois après le triomphe des *Puritains*, Donizetti représente son dernier opéra en 1843. Quant à Verdi, il écrit un opéra pour l'Opéra en 1855, les *Vêpres siciliennes*, d'après un livret de Scribe, alors qu'il a déjà dix-neuf opéras à son actif, dont *Rigoletto*, le *Trouvère* et la *Traviata*.

Index des noms